W0321489

L'ART DE L'ESBROUFE

Le livre pour briller en société !

Samuel Desmoulins

Éditions Voraces

L'ART DE L'ESBROUFE

Introduction

Vous vous demandez comment parvenir à briller en société ? Comment faire pour être le centre de l'attention en toute circonstance ? Pavoiser tranquillement, quel que soit le lieu où vous vous trouvez, quelles que soient les personnes à qui vous vous adressez ?

Vous vous demandez comment devenir l'objet de tous les désirs sans le moindre centime en poche ? Comment attiser envie et jalousie sans statut social digne de ce nom ou emploi suffisamment clinquant et prestigieux ? Transformer le mépris que certains ne peuvent s'empêcher d'avoir à la vue de votre indigence en admiration ? Alors vous êtes au bon endroit.

Ce livre est le fruit de mon expérience, cruelle et fâcheuse. Le résultat d'obsédantes interrogations. Pourquoi seules les personnes intelligentes, riches, belles et auréolées de succès pourraient-elles être en mesure de briller en société ? Pourquoi n'y en aurait-il que pour les nantis, les gracieux, les talentueux, les bien-nés, les favorisés des astres et autres bien-aimés des dieux à qui tout sourit ? Pourquoi ce sont toujours les mêmes qui croquent les plus belles parts du gâteau pendant que les autres sont condamnés à manger les restes ou à lécher la vitrine de la pâtisserie sans jamais rien pouvoir se foutre sous la dent ? Tout ceci est parfaitement injuste. C'est non seulement injuste, mais c'est une insupportable double peine.

Si vous voulez mon avis, même un parfait idiot, pauvre, moche et mal élevé, a le droit d'être le centre de l'attention.

Ayant moi-même longtemps souffert d'être un sombre couillon, fauché, laid, invisible, sans éducation et sans bonnes manières, j'ai eu le loisir de ruminer sur mon pitoyable sort et d'élaborer des parades et des stratagèmes pour inverser cette sinistre tendance. Des années passées à faire tapisserie en soirée, ignoré, moqué, esseulé, relégué quelque part entre les chiottes, la sortie de secours et le local à ordures, m'ont permis de comprendre le fonctionnement de cette mascarade sociale et de trouver des subterfuges pour ne plus être lésé.

ÉCONOMIES ET GAIN DE TEMPS

– Croyez en vous.
– Soyez qui vous êtes.
– Respirez positif.
– Souriez à la vie et la vie vous sourira.
– Autorisez-vous l'échec.
– Acceptez-vous tel que vous êtes.
– Faites de vos différences une richesse.

– Donnez pour mieux recevoir.
– Ne mourrez pas chenille, vivez papillon.
– Ouvrez-vous aux autres et les autres s'ouvriront à vous.

Si ce genre de mièvreries vous intéressent, reposez ce livre et passez votre chemin avant qu'il ne soit trop tard. C'est plus sage. S'il y a déjà des tonnes de bouquins qui remplissent les rayons « Développement personnel » des librairies, soyez bien certain que, concernant celui que vous tenez entre les mains, on ne cause pas du même type de contenu.

Vouloir se pavaner aux yeux de tous et être le centre de l'attention sont des envies qui se réalisent forcément au détriment d'un autre. Lorsque vous brillez, vous générez une ombre ; et plus vous brillerez, plus le nombre d'innocents qui se retrouveront brutalement plongés dans l'obscurité sera grand. On devient rarement le centre de l'attention en étant un gentil papillon qui sourit à la vie, qui fait toujours passer les autres avant lui et donne pour mieux recevoir.

Accaparer l'attention, devenir un leader charismatique, être le centre de tous les regards tout en respectant autrui, la dignité humaine, l'esprit de Coubertin et les conventions de Genève me paraît chose complexe et illusoire. Disons qu'il va falloir prioriser vos objectifs et faire des choix.

Après lecture de ce livre, il est probable qu'humainement parlant vous soyez encore plus un filou qu'avant de m'avoir rencontré. Je ne peux le nier. En revanche, concernant vos ambitions de chatoiement et de prestance, il ne vous faudra pas vingt piges pour devenir le phénix des hôtes de ces bois.

LES PILIERS POUR BRILLER EN SOCIÉTÉ

Dans cet ouvrage, nous allons tenter de faire le point sur différentes recettes qui vous permettront de briller en société et de devenir, quasi constamment, le centre de l'attention.

Phase 1 : Briller en société – Les techniques simples.
Phase 2 : Briller en société – Les techniques avancées.

Lors de la **Phase 1**, nous allons aborder plusieurs grandes thématiques qui vous permettront rapidement, et avec peu d'entraînement, de capter tous les regards.

Les grandes thématiques :

– La généalogie.
– La mode.
– La gastronomie.
– La culture.
– Le sport.
– Le paranormal.
– L'art de la conversation.

S'il est indéniable qu'il y a d'autres thématiques permettant de briller, celles-ci ont été sélectionnées en partant du postulat que vous débutiez de zéro et que vous n'aviez pas forcément énormément de temps à consacrer pour vous hisser vers votre « nouveau vous » resplendissant et majestueux.

Grâce à cette étape, vous serez rapidement en mesure de maîtriser des solutions superficielles mais particulièrement efficaces. Si certaines fonctionnent difficilement sur le long terme, elles vous permettront de faire illusion dans la plupart des situations sans exiger un long travail de préparation.

Lors de la **Phase 2**, je vous expliquerai comment passer à la vitesse supérieure, et je vous dévoilerai tous les secrets d'un art ancestral méconnu, à la puissance phénoménale, en mesure d'amener ces techniques simples à un niveau exceptionnel.

LE TERRIFIANT CONSTAT

Vous devez être conscient que, désormais, le monde se divise en deux catégories : les acteurs et les spectateurs. Et il semblerait que tout le monde souhaite de plus en plus être acteur, et plus personne spectateur.

Partant de là, tout le monde ne pourra pas se tenir debout sur scène, encore moins récolter des lauriers d'une foule en délire venue pour l'admirer. Il y aura forcément des laissés-pour-compte, des vaincus, des insatisfaits, qui devront, contraints et forcés, retourner s'asseoir dans le public, affamés de gloriole, va-nu-pieds de l'attention. Un spectacle qui contient davantage de gens exigeant d'être sur scène sous les projecteurs que de personnes acceptant d'être reléguées dans l'assistance à regarder des marioles avides d'applaudissements faire leur sempiternel numéro de gratte-lumière annonce un combat sanglant pour l'obtention des meilleurs rôles.

Et c'est exactement là où vous vous trouvez. C'est la société qui est la nôtre. Vous êtes encerclé de prédateurs mondains, d'escrocs de l'attention, de spoliateurs de louanges. Nombreux sont les filous à ambitionner de vous subtiliser votre dû, à vouloir vous piquer votre bout de frometon, de la fourberie et de la tromperie plein la gueule. Nombreux sont les marauds et les canailles à désirer faire main basse sur le magot de la popularité. Et je vous mentirais si je vous disais qu'il y a la moindre possibilité de discuter paisiblement avec les crapules qui vont se retrouver en face de vous à l'heure du partage, afin d'établir une répartition du butin juste et équitable.

La plupart du temps, vous ne serez confronté qu'à des goinfres et des malappris. Des égoïstes sans foi ni loi, prêts à tout pour s'emparer de ce qui vous revient de droit. Ça va dégainer de toute part et suriner à tout-va dès que vous aurez le dos tourné. Si vous n'ambitionnez pas de nourrir les vers prématurément et de terminer avec des dorsaux faisant office de porte-couteaux, n'attendez pas, dégainez le premier. Ne vous laissez pas dévorer par excès de gentillesse ou de naïveté.

Briller en société est devenu une lutte acharnée, où seuls les plus forts, les plus malins et les plus fourbes rayonnent, pendant que les autres servent de faire-valoir ou se voient rejetés, et meurent à petit feu dans l'obscurité et la solitude. Si vous refusez d'être victime de cette fatalité et cherchez des astuces pour déjouer les pièges des resquilleurs d'éloges, soyez conscient que la course à la popularité fait de plus en plus de ravages, et agissez en conséquence.

La généalogie

Quoi de mieux pour briller en société que de prestigieux aïeux ? Dans certaines contrées, un arbre généalogique aux racines étincelantes est en mesure de transformer la dernière des merdes en citoyen d'honneur d'une ville. C'est un fait.

Un glorieux blase vieux de plusieurs centaines d'années, ça vous fait gagner écharpes, rubans, pin's et médailles plus vite que d'illustres faits d'armes ! Ça vous décore un poitrail en moins de temps qu'il ne faut pour le dire, sans avoir à fournir le moindre effort. À peine sorti de la fouffe de sa génitrice, son heureux détenteur se retrouve auréolé de la gloire de ses aïeux, et tant pis s'il ne leur arrive pas à la cheville. Magique !

Bien souvent, la simple mention d'un patronyme grandiose suffit à faire du dernier des imbéciles ou du plus grand des incapables quelqu'un de respectable et de respecté, devant qui il est bien vu – quand ce n'est pas carrément obligatoire – de se courber, de s'aplatir, de se soumettre, d'énoncer louanges et compliments, d'effectuer salamalecs et danse du ventre.

Voilà pourquoi, si vous souhaitez briller en société, vous devez comprendre l'importance d'un arbre généalogique de qualité, et à quel point cela peut avoir un impact déterminant dans votre quête d'attention.

L'IMPORTANCE D'UN ARBRE GÉNÉALOGIQUE GLORIEUX

La situation : Une prestigieuse soirée conviant tout le gratin et les gens de haut fessier à cent kilomètres à la ronde a lieu prochainement du côté de chez vous.

Cas n° 1 : Vous vous appelez monsieur Legueux, insipide descendant de monsieur Legueux père et de madame Legueux mère, eux-mêmes insignifiantes progénitures des familles Legueux du côté paternel et Lesprolos du côté maternel.

Cas n° 2 : Vous vous appelez monsieur de Droitdivin, flamboyant descendant de monsieur de Droitdivin père et de madame de Droitdivin mère, eux-mêmes chatoyantes progénitures des familles de Droitdivin du côté paternel et Astreglorieux du côté maternel.

Dois-je vous dire qui va recevoir son carton d'invitation et qui ne va pas le recevoir ? Qui va être assis au premier rang et qui ne va sans doute même pas entendre parler de cette soirée ? Qui va être convié à déguster champagne et petits fours et qui va être présent dans le cadre d'un contrat de travail précaire pour récurer les chiottes après la fête ?

Ne pas accorder un soin particulier à la gueule de votre arbre généalogique, c'est prendre le risque de voir vos ancêtres devenir un potentiel frein à votre brillance.

Malheureusement, tout le monde n'a pas l'élégance, la chance ou la délicatesse d'avoir un pedigree étincelant, vierge de toute souillure. Tout le monde n'a pas le bon goût ni la présence d'esprit d'avoir naturellement des géniteurs ayant eu la décence de réussir leur vie ou la prévoyance de les faire naître dans la soie, une cuillère d'or dans la bouche, sous les moulures d'appartements démesurément hauts de plafond, après des centaines d'années de succès et de prospérité, et des dizaines de générations de reproduction entre gens de la haute. Non ! Tout le monde n'a pas cette sagesse.

Nombreux – bien plus nombreux ! – sont ceux qui se voient affublés de pauvres bougres, sympathiques au possible, mais n'ayant pas le moindre antécédent prestigieux à mettre en exergue, à partir duquel bâtir une réputation, broder pour se faire mousser ou démarrer la course avec un peu d'avance.

Ah non ! Pitié, non ! Épargnez-moi ! Ne commencez pas ! Mais si… je vous vois, là, tout énervé, la tronche tremblotante, prêt à me balancer des sornettes bien-pensantes à la gueule.

Égalité des chances, ascenseur social, méritocratie, études, travail, carrière, donne-moi ta main et prends la mienne… Mort de rire. Sincèrement, je ne sais pas comment vous faites ! Perso, je ne peux plus en bouffer la moindre cuillérée, de ces conneries. Continuez à tenter de faire valoir votre mérite à tout prix si ça vous dit ; de mon côté, le goût m'en a passé. Je cède fort volontiers ma part à qui veut la prendre.

Mon conseil : Ne vous laissez pas entourlouper par un jeu truqué et des règles pensées pour vous voir perdre avant même que vous ayez pu vous pointer sur la ligne de départ. Inventez-vous une filiation à la hauteur de vos ambitions !

Pourquoi devriez-vous être prisonnier d'une chose dont vous n'êtes pas responsable ? Pourquoi accepter de démarrer la partie avec un désavantage que vous n'êtes pas sûr de pouvoir combler, quand il est possible, grâce à l'envoûtant pouvoir de l'imaginaire, de vous en libérer et de vous fabriquer de nouvelles ramifications, à la hauteur de vos exigences, à la mesure de vos aspirations ?

AVERTISSEMENT : Avec Internet, il n'est plus aussi facile de s'inventer une vie et de falsifier un pedigree.

Les normes de traçabilité ne sont plus les mêmes que par le passé. Il n'est quasiment plus possible de disparaître du jour au lendemain pour réapparaître quelques années plus tard, avec un nouveau nom, fruit d'un nouvel arbre généalogique, en possession de coffres pleins d'or et de pierres précieuses, de terres, de titres, et de récits d'aventures, de batailles et de duels à faire pâlir le plus imaginatif des écrivains. Ce temps-là est malheureusement révolu. L'administration est passée par là. Tout n'est plus que tableurs, recensements, collectes de données, graphiques et statistiques.

Le panache et l'inventivité ont été tués par de tristes personnes aux petits talents, voûtées sur leurs précieux livres de comptes, ternes et sans imagination. La paperasserie et la mémoire infinie et instantanée d'Internet ont définitivement assassiné la créativité et la filouterie. Quelle désolante époque qui ne jure que par l'exactitude et les chiffres ! Qui n'a que le réel à la bouche ! Bande de salopards malfaisants !

La vérité ! L'honnêteté ! La sincérité ! Ils en dégoulinent par tous les pores, ces tristes cons ! Nauséabonds pinailleurs ! Procureurs de pacotille ! Infâmes bouliers déféqueurs de bons sentiments ! Ils vous en dégobillent du matin au soir ! En font des articles, des chansons, bientôt une constitution !

Tortionnaires angéliques ! Bien-pensants couillons ! Aplanisseurs dégueulasses ! Le réel… laissez-moi rire ! Qu'en connaissent-ils ? Rien, si vous voulez mon avis.

Aboyeurs mesquins ! Castrateurs compulsifs ! Sombres zigues ! Ça vous élève au pinacle de la réalité débile et ça vous sanctionne du brillant imaginaire. C'est fier de sa médiocrité ! Ça s'y complait ! La revendique ! Vous la balance à la gueule ! Ça chasse en meute et vous impose sa petitesse ! Ça vous toise, vous juge, toute cette dégueulasse vermine ivre d'exactitude, hideux ennemis de l'imaginaire, tristes niveleurs par le bas. Ça pousse le vice jusqu'à en faire des programmes politiques, de toutes ces immondices. Quelle bande de cons !

Le réel… quiconque y a goûté ne peut que vouloir le fuir !

Astuces pour améliorer son arbre généalogique

Heureusement pour nous, si le truandage de pedigree est devenu plus compliqué, avec de la volonté, de l'imagination et quelques précautions, il existe toujours des astuces permettant de fuir la fatalité d'un arbre généalogique défavorable.

– Commencez par faire un état des lieux approfondi de votre véritable arbre généalogique pour voir s'il n'y aurait pas un ancêtre valant tout de même le coup d'être déterré et remis sur le devant de la scène. Prenez le temps d'une recherche minutieuse. Communard, résistante sous l'Occupation, gueule cassée, garçonne des Années folles, grognard… on n'est jamais à l'abri d'une bonne surprise cachée quelque part dans un recoin sombre et mouvementé du roman national.

– Si vous ne trouvez rien d'intéressant, ne vous laissez pas abattre. Faites en sorte de revaloriser votre arbre généalogique en créant de nouvelles branches. Tante éloignée milliardaire, cousin perdu de vue devenu star du Web, véritables parents biologiques récemment retrouvés et ex-agents secrets…

– Pour encore plus d'effet, songez à changer de continent. Aïeule américaine richissime, famille royale africaine, noblesse asiatique… Vendez du rêve, de l'aventure et de l'évasion. Votre nouveau proche doit sentir l'excès, les grands espaces, le mystère, le risque, le fric, le sexe, la violence… ce que vous voulez, mais il faut que ça impressionne et que ça dépayse.

– Une fois sur les sentiers de l'imaginaire, ne vous restreignez pas, allez-y à fond. Inventez-vous de multiples ancêtres à la hauteur de vos ambitions. Richissimes banquiers, producteurs de cinéma, explorateurs, espions, artistes, nobles, pionniers, magiciens, sorciers, fous, brigands, braqueurs, poètes, diplomates, guerriers, mercenaires… faites marcher votre imagination. Ne laissez pas une réalité terne vous clouer au sol et vous empêcher de vous élever dans la société.

– Prenez garde à ne pas vous emballer et fuyez la précision. Restez le plus flou possible en ce qui concerne les dates. Vous éviterez ainsi d'être pris au piège par la patrouille de la vérité permanente et de la transparence absolue.

– Méfiez-vous des événements historiques trop richement documentés. Vous n'êtes pas à l'abri, au détour d'une soirée mondaine, de tomber sur un con féru d'Histoire qui se fera un plaisir de vous passer à la question et de reprendre point par point votre récit afin d'en déceler les incohérences.

– Maintenant que vous avez optimisé votre généalogie, vous pouvez songer à vous faire une petite beauté. Si votre nom ne vous convient pas et vous ramène à une réalité pesante, choisissez un pseudonyme qui éblouit. Vous pourrez ainsi passer d'une appellation fade et sans intérêt à quelque chose de plus flamboyant, en mesure de transformer votre humble personne en héros d'aventure. Don Diego de la Vega, Impératrice Furiosa, Connor MacLeod… ça vend quand même plus de rêve que monsieur ou madame Tout-le-monde.

– Investissez dans l'achat d'un titre de noblesse. À partir de quelques dizaines d'euros, il est possible d'acquérir un titre de noblesse, et de passer de monsieur ou madame Lambda à comte ou comtesse de Lambda. Ce qui éblouit quand même beaucoup plus ! Duc, marquise, baron, tsarine, chevalier, comte, comtesse… à vous de choisir en fonction de vos goûts et de vos moyens. Prenez le temps de vous renseigner, vous pourriez être surpris de découvrir les bonnes affaires qu'il est possible de faire en matière d'achat de titres de noblesse.

Et voilà ! Si ces astuces ne résorberont probablement pas l'inégalité initiale et ne vous offriront pas autant d'avantages qu'un glorieux pedigree, certifié conforme, avec tampon et félicitations de l'administration, doté de racines centenaires, du puissant réseau qui va avec et, pourquoi pas, du rond de serviette familial qui va bien au plus haut sommet de l'État, nul doute qu'elles seront en mesure de vous permettre de resplendir et de vous offrir d'intéressantes opportunités.

Avantage(s) : Finie, la triste réalité d'une généalogie terne.

Inconvénient(s) : Plus vous brillerez, plus vous susciterez d'envie et de jalousie, plus vous verrez éclore les vocations de nuisibles souhaitant votre chute. Dès les premiers regards accaparés, des rageurs vont commencer à creuser dans votre passé pour en faire ressortir les zones d'ombre ou les incohérences. Immanquablement, si vous n'avez pas bétonné votre légende, un de ces cons se fera le malin plaisir de détruire les murs du palais flamboyant que vous vous serez bâti. Face aux fanatiques de la vérité, soyez sur vos gardes. Restez sur de la descendance aux aventures colorées, propres à faire rêver, sans possibilité d'être vérifiées ou contredites.

La généalogie – Conclusion

Dans certains pays, l'arbre généalogique est extrêmement important. Parfois même, de l'arbre généalogique découle tout. Un mauvais arbre, des racines fatiguées, des branches de piètre qualité, un feuillage moribond, et c'en est à tout jamais fini de vos ambitions, et ce, quel que soit votre mérite.

En cas d'incertitude, il n'y a pas d'hésitations à avoir, changez-en ! Si vous avez un léger doute, ceux qui croiseront votre route n'en auront aucun. Au rebut, à la casse, à la benne. Dehors, du balai, au revoir. Oust, adeus, hasta luego, arrivederci, auf wiedersehen, à la revoyure, bye bye beau cul.

Vous pourrez bien briller tant que vous voudrez, votre éclat ne se remettra jamais de cet arbre aux rameaux anémiques. Alors changez-en ! Déterrez, retrouvez, exagérez, inventez… comme bon vous semble, mais ne vous laissez pas vaincre par la fatalité. Du moins, pas sans combattre. Si, malgré vos bobards, cela ne suffit pas, vous aurez au moins le mérite d'avoir essayé de passer outre la malédiction d'une mauvaise naissance en vous inventant une généalogie à la mesure de vos ambitions.

Il n'y a aucune honte à tomber les armes à la main.

La mode

Maintenant que nous avons fait le point sur la question des racines et vu comment se constituer un arbre généalogique de qualité, il est temps de se pencher sur celle de l'apparence.

Depuis toujours, la mode est un excellent moyen de se faire remarquer et de se démarquer de la masse morne et identique. Les habits, la coiffure, les chapeaux, les lunettes, les montres, les bijoux, les souliers, les accessoires… sont autant d'éléments offerts à la vue de tous avec lesquels il est indispensable de jouer afin d'espérer briller. Ne faites pas l'erreur de croire que ce ne sont que de vulgaires objets. Si, dans les faits, il est indéniable que ce ne sont rien d'autres que de vulgaires objets, aux yeux du monde, c'est bien plus.

C'est l'expression de votre personnalité, l'affirmation de votre statut, de votre raffinement, de votre unicité.

LIMITATIONS ET EFFETS SECONDAIRES INDÉSIRABLES

Avant de voir comment attirer l'attention lors de chacune de vos sorties grâce à la mode, il est important que vous soyez conscient de certaines limitations de cette thématique.

Limitation n° 1 : L'argent

Avec un compte en banque à zéro le dix du mois, c'est compliqué de pouvoir envisager de briller en société grâce à la mode. Quand votre objectif principal est de réussir à vous foutre un truc dans l'assiette, avoir le dernier accessoire tendance ne fait pas office de priorité. S'endetter ou se ruiner pour un bout de tissu ne sont pas des options valables ! Pour autant, est-ce une raison pour déserter la thématique ? Je ne le pense pas. Il existe des subterfuges pour passer outre cette limitation, nous y reviendrons plus loin.

Limitation n° 2 : Le jugement d'autrui

Si, lorsque vous réfléchissez aux excès vestimentaires que vous pourriez mettre en place afin d'attirer l'attention, une petite voix vous susurre de drôles de choses dans un coin de votre caboche, et que votre subconscient vous fait apparaître le regard désapprobateur de tonton Fernand ou celui offensé de mamie Suzette, ainsi que la mise au ban familiale qui va immanquablement suivre vos excès, c'est qu'il est sans doute préférable pour vous d'éviter de vous engager dans cette thématique. Cette technique n'est pas faite pour vous… ou nécessite un cadre strict et une préparation psychologique minutieuse de votre entourage avant de vous y aventurer.

Sans quoi, remontrances, bannissement, terreurs nocturnes et draps souillés sont tout ce que vous allez récolter.

Limitation n° 3 : L'âge

Passé un certain âge, les excentricités vestimentaires peuvent devenir embarrassantes, voire pathétiques.

Alors oui, c'est parfaitement injuste, mais c'est un fait. De nombreuses dérives qui vous seront pardonnées sous la simple excuse de l'erreur de jeunesse, amusez-vous à les reproduire quelques dizaines d'années plus tard et vous verrez que l'issue ne sera pas la même et se révélera bien plus désagréable.

Auteur n° 1 : Jean-Brian.

Âge : 14 ans.

Perception générale : Il faut bien que jeunesse se passe.

Perception par ses congénères : Sur la vieille chatte de ma grand-mère, c'est trop un beau gosse de ouf !

La provocation vestimentaire, quand c'est fait par Jean-Brian, 14 ans, en plein âge « la vie c'est trop d'la merde, les vieux c'est tous des pourris, des vendus et des lâches, des cons qui pigent rien à rien, puisque c'est comme ça j'vais faire une fugue, si ça continue j'vais me trancher les veines à la petite cuillère… », élève à la dérive, retapant pour la troisième fois sa sixième, tout proche de l'expulsion : c'est la grande classe.

Conséquence(s) probable(s) : Concernant sa scolarité, il pourrait venir avec un slip sur la tête, ça ne ferait ni monter ni descendre sa moyenne, et ça ne dégraderait pas davantage ses rapports déjà bien tendus avec le personnel éducatif.

Concernant ses relations, ça ne pourrait que faire marrer ses camarades et augmenter sa côte sur le cours de l'ado rebelle n'hésitant pas à tenir tête aux professeurs fascistes qui les brident et les empêchent de profiter de la vie.

Auteur nº 2 : Jean-René.

Âge : 58 ans.

Perception générale : Le pauv' gars a pété les plombs !

Perception par ses congénères : Je pense qu'il serait grand temps d'envisager une intervention auprès de Jean-René. Au début, on a laissé faire, mais là, il est clair qu'il tente de nous exprimer un profond malaise. Ça devient très inquiétant.

La provocation vestimentaire, quand c'est fait par Jean-René, 58 ans, en plein âge « quarante piges à bosser comme un acharné pour des enfoirés qu'attendent que la bonne occasion pour te foutre à la porte, pas de chef ici, on est une famille, alors que ça décompte le nombre de feuilles de PQ utilisées de ta paie, cette bande de couilles molles hypocrites ! », cadre en difficulté dans une grande entreprise, qui tente d'éviter maladroitement l'obsolescence en s'habillant comme les gamins qu'il voit dans les clips musicaux : c'est embarrassant.

Conséquence(s) probable(s) : Ses proches vont s'inquiéter, s'angoisser, paniquer, sans jamais parvenir à savoir sous quel angle aborder le problème.

Mon conseil : Passé un certain âge, attirez l'attention sur vous grâce à votre apparence sans chercher à copier ce que font les jeunes générations. Jouez-la élégant. Jouez-la farfelu. Jouez-la décontracté. Jouez-la bien dans votre peau.

Dandy excentrique, bourgeoise chic, gentleman-farmer, sculptrice avec de l'argile plein les mains, artiste fou avec de la peinture plein les fringues… ce que vous voulez, du moment que vous restez sur votre terrain et acceptez votre âge. N'allez surtout pas sur celui de la jeunesse. Jamais ! Vous ne feriez que vous ridiculiser.

DÉVELOPPER SON STYLE POUR ATTIRER L'ATTENTION

Une fois ces quelques considérations prises en compte, il va être temps de réfléchir à votre look et à ce que vous allez pouvoir mettre en place pour attirer l'attention et devenir le centre de tous les regards grâce à vos fringues.

Pour y parvenir, vous ne pourrez pas vous contenter de vous saper comme monsieur et madame Tout-le-monde. Vous ne pourrez pas continuer à vous foutre sur le dos la même chose que le commun des mortels. Si vous vous entêtez à agir de la sorte, personne ne fera attention à vous, personne ne vous regardera. Vous ne brillerez pas. Vous serez perdu dans la masse. Pour vous en extraire, vous allez devoir vous démarquer. Vous allez devoir prendre des risques. Vous allez devoir faire preuve d'audace, d'inventivité et d'originalité.

Sublimer les tendances vintage :

Lorsque l'on démarre dans la mode, une excellente façon de se faire remarquer avec un look qui attire les regards, c'est de miser sur le vintage. Si vous n'avez pas beaucoup d'argent, absolument pas les moyens d'investir une fortune dans des fringues de marque, c'est l'idéal. Friperies, marchés, boutiques en ligne, garde-robe familiale… les lieux où vous allez pouvoir vous procurer des pièces sympas à petits prix afin de vous bâtir un look hors du commun sont nombreux.

En revanche, si vous songez sérieusement à vous lancer dans la thématique, par pitié, ne soyez pas un de ces tièdes qui suit le troupeau et s'engouffre dans des pseudo-tendances vintage dictées par l'industrie vestimentaire.

Ne faites pas l'erreur d'être un mouton asservi aux grandes marques, dépensant des fortunes pour être soi-disant « à la mode », mettant ce qu'on lui dit de mettre, quand on lui dit de le mettre. Une année trop tôt, vous êtes un hurluberlu ; une année trop tard, vous êtes un has been. Affranchissez-vous de ces conneries. Ne soyez pas un suiveur, soyez un précurseur.

Comment pensez-vous pouvoir resplendir en vous habillant comme des milliers d'autres ? En vous complaisant dans la dernière tendance vintage remise au goût du jour ?

Astuce : Allez-y à fond ! Quitte à faire dans le rétro, faites marcher la machine à remonter le temps à plein régime. Remontez deux cents, trois cents ans en arrière !

Imaginez débarquer en soirée avec un look de lord anglais du XVIIe siècle. Selon vous, qui sera le centre de l'attention ? Le groupe de bourgeois bohèmes à la pointe de la mode, mais plus ou moins fringués de la même façon… ou bien, le lord ? Qui sera l'attraction de la soirée ? La bande de clones, fiers de se pavaner avec des vêtements payés une fortune juste pour avoir l'honneur d'être au même niveau qu'une enseigne publicitaire non lumineuse, ou bien l'esthète sorti de nulle part, qui s'affranchit des diktats, impose ses codes et se sape comme personne avec seulement trois francs six sous ?

Pourquoi ne pas pousser le concept plus loin et remonter mille ou deux mille ans en arrière ? Pourquoi ne pas utiliser des fringues de prêtresse égyptienne ou de guerrier gaulois ? Là, on commence à rentrer dans du sérieux, question vintage ! Je peux vous assurer qu'en agissant de la sorte vous allez faire souffrir tous les moutons suiveurs de tendances.

Il va y avoir des malaises, des insuffisances respiratoires, des arrêts cardiaques et de la bave aux lèvres en pagaille.

Du jour au lendemain, vous allez passer du statut de personne lambda interchangeable quasi invisible, fringuée comme mille autres dans des enseignes de prêt-à-porter plus ou moins bon marché selon l'épaisseur de votre bourse, à celui de fou furieux de la mode, précurseur de tendances, qui repousse les limites et influence le commun des mortels.

Avantage(s) : En agissant de la sorte, il sera impossible de vous rater. Partout où vous irez, vous serez le centre de toutes les attentions, le sujet de toutes les discussions.

Inconvénient(s) : Si vous n'assumez pas votre démarche à 100 % ou si vous souffrez d'un besoin d'acceptation de la part de vos congénères vous poussant maladivement à rechercher leur approbation, cette astuce pourrait être une interminable source de tourments. Ne songez même pas à l'utiliser.

EMPRUNTER LA VOIE DE L'EXCÈS ET DE L'OUTRANCE

Un excellent moyen de devenir le centre de tous les regards grâce aux fringues, c'est d'adopter la stratégie de l'excès et de l'outrance. D'aller à contre-courant des tendances. De prendre exemple sur certains créateurs de mode avant-gardistes et de jouer le jeu de la provocation permanente.

Attention toutefois ! Une fois sur la voie de l'excès et de l'outrance, aucune place pour la crainte, la gêne ou la honte, uniquement pour la surenchère. Vous devrez constamment assumer. Si quelqu'un émet le moindre doute quant à votre look farfelu, se moque de votre apparence ou cherche à vous ridiculiser, ne vous excusez pas, ne bafouillez pas, ne baissez pas les yeux, ne reculez pas, surenchérissez ! Toujours !

Si l'on tente de vous dénigrer, faites-en deux fois plus pour montrer à ces rageurs qui souhaitent vous empêcher de briller que non seulement vous assumez, mais que vous êtes à fond dans le délire et comptez bien en faire encore et toujours plus. Retournez leurs railleries contre eux, faites-les passer pour des idiots qui ne saisissent rien à la mode, pour des ringards réactionnaires qui ne comprennent rien à rien, dépassés par les événements, tout juste bons à être mis au rebut.

Vous êtes le progrès, ils sont le repli. Vous êtes la vitalité, ils sont rabougris. Vous êtes l'avenir, ils sont le passé… complètement dépassés. Allez hop, à la benne, les schnocks !

Excès vestimentaires pour aller toujours plus loin :

– **Osez les mélanges improbables.** Chemise hawaïenne et pantalon de costard, veste élégante et short de bain…

– **Tentez des choses qui ne se font pas.** Un pantalon avec une jambe pleine et l'autre coupée à hauteur de short. Un pull avec un bras plein et l'autre coupé à hauteur de débardeur…

– **Brisez les tabous.** Portez des vêtements transparents. Laissez apparaître tout ou partie de vos sous-vêtements…

– **Revisitez les modes anciennes.** Garçonne des Années folles, robe style Empire, toge de la Rome antique…

– **Confectionnez vos fringues vous-même.** Utilisez des matières premières décalées et surprenantes : vieux vêtements, bois, toile de jute, rideaux kitsch récupérés dans une friperie…

– **Faites-vous des coupes de cheveux hors du commun.** Remettez au goût du jour la banane, la houppette, le mulet… Envisagez de multiples colorations. Rasez une partie de votre chevelure. Effectuez des motifs, des dessins… Faites-vous des chignons gigantesques. Calez des objets décalés dans vos cheveux : fruits, crayons, fourchettes, fléchettes…

– **Réalisez des motifs avec vos poils.** Barbe, dessous-de-bras, torse, jambes, pubis… autant de terrains de jeu à investir et grâce auxquels vous allez pouvoir vous démarquer.

– **Créez de nouvelles manières de porter des accessoires anodins.** Lunettes à l'envers, montures sans verre…

– **Modifiez vos souliers pour les rendre hors du commun.** Semelles compensées démesurées, talons aiguilles en forme de lames de couteau, chaussures de ville en patins à roulettes…

– **Décorez votre coiffe de façon étrange et provocatrice.** Chapeau, casquette, turban, foulard, béret… baladez-vous avec quelque chose d'invraisemblable et d'insolite. Envisagez la transformation d'un abat-jour design en couvre-chef…

– **Apportez une touche d'originalité aux éléments les plus classiques.** Faites des nœuds de cravate improbables. Ayez des nœuds de lacets extravagants et complexes…

– **Remettez au goût du jour des choses passées de mode.** Canne, ombrelle, monocle, corset, éventail… confectionnez-vous des exemplaires singuliers et étonnants.

– **Convertissez des objets en accessoires.** Transformez votre sac poubelle en sac à main. Faites-vous une écharpe avec une guirlande électrique. Utilisez des ballons à sculpter pour vous faire un tour de cou, un couvre-chef, des bracelets…

– **Envisagez des modifications physiques spectaculaires** du type : piercings, tatouages, implants corporels…

– **Inversez les rôles.** Habillez-vous en homme si vous êtes une femme, en femme si vous êtes un homme. Costard pour les unes ; short moulant avec bas résille pour les autres…

– **Ne faites jamais rien comme le commun des mortels.** Si vous êtes fumeur, tenez votre cigarette entre votre auriculaire et votre annulaire, fumez par le nez, utilisez un porte-cigarette avec de longs gants blancs, remettez la pipe au goût du jour, choisissez-en une avec un style extravagant…

Mon conseil : Osez les assemblages improbables, repoussez les limites, faites ce qui ne se fait pas, bravez les interdits, mélangez classicisme et originalité, nouveauté et ancienneté, raffinement et provocation… Seule limite, votre imagination !

Et aussi, le Code pénal du pays dans lequel vous résidez !

Très important ! Les limites de votre imagination doivent impérativement concorder avec les limites légales du lieu où vous demeurez, de la sensibilité des gens qui vous entourent et du degré d'ouverture d'esprit auquel vous pouvez prétendre. Le but de la manœuvre n'est pas de se retrouver à se faire fouetter ou de finir emprisonné pour attentat à je ne sais trop quoi ou non-respect de je ne sais pas trop qui, juste d'être le centre de l'attention. Cherchez toujours le bon équilibre entre excès et déférence, provocation et tradition, originalité et délit.

La mode – Conclusion

Si la mode est une arme redoutable dans la course à l'attention, n'oubliez jamais que toute hésitation dans votre démarche, même légère, même infime, même temporaire, vous fera passer des ovations aux plus cruelles moqueries, du top de la tendance aux bas-fonds mondains. Alors réfléchissez bien avant de vous y aventurer.

Si vous n'êtes pas sûr de vous, allez-y par palier ! Testez un ou deux trucs, légers, un peu excentriques mais pas trop, pour voir comment les choses se déroulent, comment vous appréhendez le regard des autres, encaissez les critiques… En fonction du bilan de ces premières tentatives, vous pourrez avoir une petite idée de votre capacité à aller plus loin ou non.

Une fois réellement lancé, nulle marche arrière possible. Assumer et surenchérir seront vos seules options.

La gastronomie

De tous temps, dans toutes les sociétés, aux quatre coins de la planète, la nourriture a eu une place importante. Elle a toujours été ce qui différenciait le simple peuple sans moyen, luttant pour sa survie, à la recherche d'un carburant, de l'élite favorisée croulant sous l'opulence, à la recherche des mets les plus raffinés, de fééries et de divertissements.

En utilisant l'alimentation dans votre quête d'attention, vous vous extrayez instantanément de la masse laborieuse, des innombrables travailleurs pauvres se contentant de manger ce que leur maigre salaire leur permet d'ingurgiter, des damnés qui luttent pour survivre un jour de plus en ce bas monde.

La gastronomie offre l'opportunité de jouer sur deux facteurs importants. Premièrement, sur la connaissance d'un domaine aux multiples facettes réservé à une petite élite de privilégiés. Et, deuxièmement, sur l'affichage d'un statut social permettant la dégustation d'aliments hors de prix dont une simple bouchée peut coûter le salaire mensuel de certains, de vieux vins et de grands crus dont une simple gorgée peut valoir l'équivalent du budget courses annuel de certains. Celui qui peut, sans réfléchir, dépenser des sommes considérables dans l'ingestion de choses superflues, qui finiront fatalement par prendre la direction des toilettes, a du gras en stock et une indéniable confiance en sa capacité à le renouveler.

DÉTOURNER L'ATTENTION DE LA PAUVRETÉ D'UN REPAS

Mais, me direz-vous, comment parvenir à briller dans la thématique avec un compte en banque désespérément vide ou pas spécialement bien garni ? Excellente question.

Effectivement, tout le monde n'a pas les moyens de s'offrir des produits d'exception, tout le monde n'a pas le budget pour faire appel aux services d'un traiteur de qualité, tout le monde n'a pas du gras à sacrifier pour pouvoir momentanément épater la galerie… effectivement. Nombreux – bien plus nombreux ! – sont ceux qui n'en ont pas les moyens.

Pour autant, est-ce une raison pour se résigner et fuir la thématique ? Je ne le pense pas.

Pour tous ceux qui, comme moi, n'ont pas un rond en poche mais souhaiteraient malgré tout briller grâce à la gastronomie, il va falloir mettre en place des filouteries afin de parvenir à nous parer du magnifique prestige que peut procurer la discipline. Avec une jolie présentation, une scénographie soignée, une bonne histoire, pas mal d'esbroufe et un certain aplomb, vous pouvez vous démerder pour faire d'un banal plat congelé une étourdissante aventure gustative.

Mon conseil : Oubliez les papilles, difficiles à combler et chères à impressionner. Concentrez-vous sur les yeux et les oreilles, plus faciles à tromper et moins dispendieux à fasciner.

Lumière, décoration, fond sonore… faites vivre à vos convives une expérience inoubliable. Soignez la mise en scène. Saturez la vue et l'ouïe. Détournez au maximum l'attention de la pauvreté effective de ce que vous allez leur proposer.

Bien souvent, un décor en carton-pâte savamment éclairé peut s'avérer une illusion saisissante de réalisme, et une bonne mise en scène peut faire d'un petit quelque chose un spectacle grandiose. Alors, faites-en sorte d'enrober votre production d'une scénographie audacieuse et captivante, et arrangez-vous pour saturer l'ensemble des sens de vos convives grâce à une multitude de sollicitations. On ne se souviendra pas de la qualité réelle, seulement de l'étourdissante originalité.

Idées de mises en scène culinaire extravagantes :

– **Pour une ambiance écolo :** Utilisez de vieux objets et donnez-leur une seconde vie. De vieilles ampoules grillées pourraient faire des verres à cocktails uniques et décalés.

– **Pour une ambiance champêtre :** Utilisez la nature pour votre présentation. Nappe en mousse végétale, assiettes en rondins de bois, déco à base de pommes de pin, de pierres…

– **Pour une ambiance street art :** Servez le repas sur des planches de skate et les boissons dans des bombes de peinture.

– **Pour une ambiance cadavre exquis :** Laissez les convives composer les plats sans qu'aucun puisse tenir compte des collaborations précédentes et des ingrédients déjà utilisés.

– **Pour une ambiance tamisée :** Plongez toutes les pièces de votre appartement dans l'obscurité, uniquement éclairées à la lueur de bougies, et déplacez-vous à l'aide de chandeliers.

– **Pour une ambiance exploration des sens :** Servez votre repas dans le noir complet. Une fois plongés dans l'obscurité, vos convives vivront une expérience insolite et déconcertante.

– **Pour une ambiance conceptuelle :** Servez des plats à même la table sans offrir à vos invités le moindre couvert.

– **Pour une ambiance art contemporain :** Proposez des plats ne contenant qu'un ingrédient – un grain de riz, une pâte, une fraise... –, mais présentés de façon spectaculaire, colorée et/ou inattendue. Les recouvrir d'une fine couche d'or alimentaire pourrait être une idée absolument saisissante.

– **Pour une ambiance aventure :** Servez des plats à base d'insectes. Grillons déshydratés saveur barbecue, brochettes de fourmis, beignets de frelons, nouilles sautées aux criquets...

– **Pour une ambiance occulte :** Servez un tartare de viande dans une reproduction de crâne humain. Si la proposition pourra être jugé du plus mauvais goût par certains, nul doute qu'elle fera jaser et qu'ils ne seront pas près de l'oublier.

– **Pour une ambiance fin du monde :** Organisez le repas dans une cave, et servez des rations de survie, avec en fond sonore : sirène d'alarme, bruits d'armes, de bombardements...

– **Pour une ambiance fétichisme :** Servez les boissons dans des chaussures. Talons aiguilles pour le champagne, bottines pour les cocktails, mocassins pour les vins...

– **Pour une ambiance coquine :** Servez les plats à même les corps de modèles nus. Dans le cadre d'une soirée échangiste, ça pourrait être une excellente entrée en matière.

– **Pour une ambiance meilleur hôte du monde :** Devenez le buffet. Confectionnez-vous un vêtement avec des arceaux et un plateau permettant d'y poser les plats. Les convives passeront un délicieux moment à vos côtés, pendant que vous déambulerez au milieu d'eux, en leur faisant la conversation tout en proposant champagne, amuse-gueules et verrines.

FAIRE UN REPAS INOUBLIABLE SANS ARGENT ET SANS SAVOIR CUISINER

Votre situation : Vous devez recevoir des convives alors que vous êtes fauché et que vous n'avez peut-être même pas mangé à votre faim depuis plus de trois jours, réservant les quelques grains de riz qui vous restaient, ainsi que cinq bâtonnets de poisson panés, spécialement pour l'occasion.

On ne va pas se mentir, ça va être compliqué de briller avec uniquement du riz et du poisson pané à offrir à vos convives.

Bien heureusement, quand bien même ce serait complexe, ce n'est pas impossible pour autant. Surtout si cette soirée revêt une importance particulière du type : opportunité financière, promotion professionnelle, conquête amoureuse, intégration à un groupe de gens influents…

Vous n'avez d'autre choix que de les éblouir.

AVERTISSEMENT : Ne faites pas l'erreur de vouloir être vous-même et accepté tel que vous êtes, c'est-à-dire pauvre, miséreux, affamé, cœur immense mais poches vides. Ce serait un faux pas dont vous ne vous remettriez pas, et qui serait certainement sanctionné de la plus brutale des manières.

Je ne suis pas là pour vous dire quoi faire ou quoi penser mais, par pitié, si vous voulez avoir la moindre chance de briller, ne commettez pas l'erreur de vous faire influencer par les sornettes mielleuses et naïves des magazines *feel good.* Vous n'y survivriez pas. Si, par politesse ou par lâcheté, une grande partie des gens ne vous diront rien par devant, ne doutez pas qu'ils ne se priveront pas de le faire par-derrière. Ils vous démonteront sauvagement une fois la soirée terminée.

Par pitié, non ! Ne prenez pas cette route ! Ne la prenez pas ! Elle ne vous mènera nulle part ! Vous feriez mieux de vous sectionner la langue au sécateur rouillé que de vous entêter à vous engager sur cette pente dangereuse. Vous en ressortiriez moins amoché ! Pour votre bien, ne cherchez pas à changer le monde. Ne blablatez pas pour rien. Ne poursuivez pas de vaines chimères. Le monde est ce qu'il est, vous ne le changerez pas. Beaucoup s'y sont essayés, peu y sont arrivés. Plus tôt vous l'accepterez, mieux vous vous porterez.

Concentrez-vous sur des choses concrètes, sur lesquelles vous avez prises, et oubliez le reste.

Discours sur le palier VS Discours dans la voiture :

Discours sur le palier : « … mais ouais, carrément, c'était trop bien. Et ton risotto… un dé-li-ce ! Faut vraiment que tu me donnes la recette ! Juré ? Je t'adore ! Ça marche, ma chérie, on fait comme ça ! On se téléphone vite. Promis, promis, promis, on se refait ça vite ! As soon as possible. Je te kiss. »

Discours dans la voiture : « C'est moi ou son homme a grossi ? C'est fou comme il fait bouffi ! Ça doit être l'alcool, ça ! Je te parie qu'il est alcoolique ! C'est obligé ! Non, mais t'as vu un peu tout ce qu'il s'est enfilé ce pochetron ! J'ai pas eu le temps de terminer mon verre qu'il avait déjà déglingué une bouteille entière ! Le gars en a sifflé trois à lui tout seul ! Et leurs gosses, on en parle ? J'ai jamais vu des mioches aussi mal élevés ! Et vas-y que ça coupe la parole. Et vas-y que ça hurle. Et vas-y que ça termine pas son assiette. De quoi ? Ouais, c'est pas faux. C'est vrai qu'il était particulièrement dégueulasse, son risotto. Je me suis forcée à le manger par politesse, mais je te jure sur ma vie, j'oserais pas servir ça à notre chien. »

C'est comme ça, ce n'est pas méchant, c'est juste plus fort que nous. En général, on n'a pas encore attaché notre ceinture de sécurité, qu'on commence déjà à dire de la merde sur la personne qui vient de nous offrir l'hospitalité. On ne peut pas s'empêcher de commenter, de cancaner, de critiquer. Je le fais, vous le faites, on le fait, ils le feront, vous le savez et je le sais. Ne soyez pas naïf, acceptez la réalité pour ce qu'elle est et trouvez un moyen d'en tirer profit.

M'étant déjà retrouvé à maintes reprises dans ce genre de désagréable situation, tellement souvent que je ne pourrais pas en faire un compte précis, je sais comment parvenir à briller en n'ayant absolument rien en poche, dans le frigo ou dans les placards, mais juste un bon gros tas d'affabulations à débiter.

Avec moi à vos côtés, même avec quelques grains de riz et de ridicules bâtonnets de poissons panés, vous allez leur faire vivre une soirée qu'ils ne sont pas près d'oublier.

Option n° 1 : Dire la vérité et assumer votre précarité, au risque de voir un visage peu reluisant de l'humanité.

Option n° 2 : Assaisonner la réalité d'un soupçon d'épices et en faire quelque chose de beaucoup plus savoureux.

Votre décision : Après moult nuits blanches à angoisser à l'idée de l'organisation de ce repas, vous finissez par vous dire que vous avez assez vu le visage peu reluisant de l'humanité pour avoir envie de choisir l'option n° 1.

Vous partez donc en chasse d'un moyen d'assaisonner la réalité pour en faire quelque chose de plus savoureux, et vous finissez par vous dire qu'inventer une histoire capable de transformer cette maigre pitance en un festin grandiose en mesure d'impressionner votre auditoire est une brillante idée.

Première étape – La préparation :

Vu que l'on vient de se mettre d'accord sur le fait qu'un « Bonsoir les amis, ce soir je vous ai concocté ma spécialité 100 % pauvreté, placards vides et carte de crédit bloquée : du riz blanc avec du poisson pané ! » n'est pas une option envisageable, il va falloir repenser ce que vous allez leur offrir et le présenter sous un angle avantageux.

Clairement, vous n'allez pas leur servir du riz blanc et du poisson pané. Même si, *in fine*, ils auront bien du riz blanc et du poisson pané dans leur assiette, vu que vous n'avez rien d'autre dans vos placards et que vous n'avez probablement pas les moyens de dépenser plus de dix euros supplémentaires. Je fourgue des astuces et des conseils, pas des miracles. Je n'ai aucune possibilité de transformer votre riz et votre poisson pané en autre chose que du riz et du poisson pané. Ce n'est pas de mon ressort. En revanche, je peux vous permettre d'en changer la perception. Avec ces dix balles de rab, un peu d'imagination, un brin de mise en scène, beaucoup d'aplomb et d'esbroufe, je vais vous aider à faire quelque chose qui vous permettra de briller et de sauver ce dîner.

IMPORTANT : Pensez voyage. Pensez dépaysement.

En premier lieu, va falloir optimiser la matière première. En l'état, ça ne va absolument pas le faire. Commencez par retirer la panure des poissons histoire de rendre le plat un peu plus digne, puis rajoutez un peu de jus de citron, de coco, d'ananas et/ou des épices pour relever le goût.

Ensuite, on va travailler la mise en scène. Pour les besoins de notre histoire, on va partir sur une thématique Amérique du Sud. En fond sonore : des chants locaux. Pour la déco : ambiance forêt amazonienne. Pour l'alcool : canelazo, tequila, mezcal, cachaça… Pour le service : oubliez les verres, c'est trop commun, servez les boissons dans un récipient atypique du type noix de coco. Concernant le plat, n'utilisez surtout pas d'assiettes, servez dans des feuilles de bananier. Avec quelques fruits en guise de déco/accompagnement, ça va rendre top !

Seconde étape – Contexte et récit :

Cette recette de riz-poisson n'est pas ce que l'on pourrait croire. Ce n'est pas un simple plat. C'est bien plus que ça ! C'est une recette ancestrale, un plat transmis depuis des centaines d'années entre les membres d'une tribu, un savoir-faire appris lors d'un de vos voyages en Amérique du Sud.

+ 1 !

Félicitations ! Vous venez de gagner un bon point Pérégrinations. Vous êtes officiellement un explorateur !

Vous pourriez parfaitement en rester là et vous satisfaire de ce simple bon point, mais si vous voulez mon avis, on tient un excellent filon, ce serait dommage de ne pas l'exploiter à fond. À partir de cette base, d'habiles *showrunners* seraient foutus de vous pondre une série de cinq saisons. Prenez exemple sur eux. Développez votre trame narrative, faites intervenir des personnages secondaires mystérieux et fascinants, ayez des *guests* illustres, enchaînez les rebondissements inattendus, et engrangez un maximum de points en un minimum de temps.

La raison de ce voyage ? Votre lutte contre la destruction de la planète ! Ce combat qui vous tient tant à cœur !

+ 1 !

Félicitations ! Vous venez de gagner un bon point Écologie. Vous êtes officiellement un défenseur de la nature !

Lors d'une de vos nombreuses sorties pour planter des arbres afin de sauver cette sublime région de la dévastation, vous avez été pris en otage par de dangereux narcotrafiquants.

+ 1 !
Félicitations ! Vous venez de gagner un bon point Aventure. Vous êtes officiellement un baroudeur !

Parler de tout ça vous fait repenser aux privations, aux déplorables conditions de détention, à vos compagnons de souffrance… et, forcément, ça vous donne envie de chialer.

+ 1 !
Félicitations ! Vous venez de gagner un bon point Émotion. Vous êtes officiellement un écorché !

Après des mois de captivité et de maltraitances, vous êtes parvenu à vous enfuir en pleine nuit, accompagné de votre compagnon de détention, chef d'une tribu équatorienne.

+ 1 !
Félicitations ! Vous venez de gagner un bon point Évasion. Vous êtes officiellement un roi de l'escapade !

Souffrant de grave malnutrition suite à de nombreux mois de captivité, le pauvre homme ne pouvait plus se déplacer. N'écoutant que votre courage, vous avez décidé de le porter sur votre dos à travers la forêt amazonienne.

+ 1 !
Félicitations ! Vous venez de gagner un bon point Abnégation. Vous êtes officiellement une belle personne !

Après avoir frôlé la mort à de multiples reprises, vous êtes finalement parvenu à rejoindre sa tribu grâce à la méthode de l'ombre du bâton le jour, et à votre analyse des étoiles la nuit.

+ 1 !
Félicitations ! Vous venez de gagner un bon point Sens de l'orientation. Vous êtes officiellement une boussole humaine !

En guise de remerciements, ils vous ont accueilli parmi eux et vous êtes devenu un membre à part entière de la peuplade.

+ 1 !
Félicitations ! Vous venez de gagner un bon point Intégration. Vous êtes officiellement un ethnologue !

Et c'est au cours des nombreux mois passés à leurs côtés, où vous avez vécu de la pêche, de la chasse et de vos récoltes, que vous a été enseignée cette recette de riz-poisson, un des principaux plats de leur alimentation.

+ 1 !
Félicitations ! Vous venez de gagner un bon point Cuisine du monde. Vous êtes officiellement un fin gourmet !

À cet instant, si vous avez un tatouage, ce sera le moment de l'exhiber à votre audience happée par la puissance de votre récit. Ne soyez pas timide. Si vous avez un tatouage, ce n'est pas pour le laisser enfoui sous des couches de fringues inutiles.

+ 1 !
Félicitations ! Vous venez de gagner un bon point Style. Vous êtes officiellement un tatoué !

Il va sans dire que ce tatouage n'est pas ce que l'on pourrait croire. Ce n'est pas un simple tatouage. C'est bien plus que ça ! Là-bas, on ne se tatoue pas par coquetterie. C'est un rite initiatique, le lien entre les différentes générations de la tribu, la mémoire des anciens morts toujours présents dans le corps des vivants. Ce tatouage, c'est un tatouage qui se transmet depuis des centaines d'années entre les membres de cette tribu, c'est un honneur, une responsabilité. Ce tatouage, c'est la soumission aux ancêtres, le respect des anciens, la lutte pour le présent, la volonté de protéger les générations à venir.

+ 1 !
Félicitations ! Vous venez de gagner un bon point Assimilation. Vous êtes officiellement membre d'une tribu !

Là-bas, les tatouages ne sont pas des ornements, ce sont des récits, des médailles. Ils se méritent. Ils se conquièrent. Si le clan vous a fait cet honneur, c'est en rapport à votre bravoure à la chasse et au combat, et notamment à la fois où vous avez sauvé certains de vos frères d'une attaque de jaguar.

+ 1 !
Félicitations ! Vous venez de gagner un bon point Courage. Vous êtes officiellement un guerrier tribal !

À ce moment, il sera temps de conclure cette merveilleuse soirée. Sortez une pipe – que vous aurez fabriqué un peu plus tôt à partir d'une branche d'arbre prise quelque part en bas de chez vous – que vous prétendrez être un souvenir offert par vos frères équatoriens avant votre départ, et proposez à vos invités de tester le rituel d'après repas de la tribu dans laquelle vous avez séjourné et vécu : la communion avec les Dieux.

Un peu de tabac aromatisé en guise de substances indigènes censées donner accès à un monde de divinités et d'esprits de la nature, acheté quelques euros au bureau de tabac, relevé en douceur par quelques herbes « magiques » aux vertus euphorisantes, fera l'affaire et vous permettra de conclure en beauté cette merveilleuse soirée.

+ 1 !

Félicitations ! Vous venez de gagner un bon point Portes de la perception. Vous êtes officiellement un chaman !

Bilan : Du voyage, de l'aventure, des convictions, des narcotrafiquants, des combats, des rencontres, des échanges, de l'écologie, de l'endurance, de l'abnégation, de l'amitié, de l'amour, de la mort, de la fraternité, de la communion, de la transpiration, des portes de la perception, un jaguar, du sang, du danger, de la survie, de l'humain, des rires, des larmes, du partage, quelques grains de riz et du poisson… waouh !

Altruiste facétieux, intrépide exploratrice, baroudeur mutin, influenceuse audacieuse, castagneur séducteur… voilà certainement les mots qui viendront à l'esprit de vos convives une fois cette formidable soirée finie. Et, tout ça, à partir de seulement quelques grains de riz. Avouez que le retour sur investissement est des plus intéressants.

L'idée, c'est que vos invités mangent sans jamais penser à ce qu'ils mangent, uniquement à votre récit. Faites-les voyager gratis. Emmenez-les dans des contrées lointaines. Aidez-les à chasser la routine morne et triste de leur quotidien.

Faites-les frissonner. Faites-les vibrer. Faites-les rêver.

Après, libre à vous de dire la vérité et d'avouer que vous êtes pauvre, sans rien à manger ni à offrir. Et, certes, si les gens vous apprécient réellement, si ce sont de véritables amis… l'amour, la fraternité, la solidarité, mon cul sur la commode. Oui, bien sûr, ils sont censés vous aimer pour ce que vous êtes et pas pour ce que vous possédez. Bien entendu, pour votre personnalité et pas pour votre compte en banque. Oui, bien sûr, cela va sans dire. Et chaque année, un vieux barbu sympathique descend du ciel sur son traîneau, accompagné de ses gentils amis les joyeux lutins, pour offrir à la planète entière des cadeaux. Oui, bien sûr, bien entendu, cela va sans dire. Mais bon… dans le doute, je vous conseillerais toujours de miser sur un petit assaisonnement de la réalité.

La gastronomie – Conclusion

Ne voyez jamais le verre à moitié vide. Quand bien même il le serait réellement. Quand bien même il le serait totalement ! Et le frigo aussi, et les placards aussi, et le porte-monnaie aussi… Ils sont vides ? Et alors ? Vous allez rester à pleurer sur votre sort en attendant qu'ils se remplissent tout seul ? Parce que je peux déjà vous dire que ça n'arrivera pas.

Prenez les devants, retournez la situation à votre avantage et trouvez l'angle qui vous permettra de faire de ce vide une force. Au lieu de vous focaliser sur ce que vous n'avez pas, sur ce qui vous manque, essayez de trouver le moyen de rendre impressionnant ce que vous avez, quand bien même ce ne serait pas grand-chose. Nous avons tous un petit quelque chose. Et même un petit pas grand-chose, vendu avec talent et éloquence, peut rapporter beaucoup. Ne l'oubliez jamais.

La culture

N'a-t-on pas tous déjà été subjugués par les connaissances encyclopédiques d'une personne, ses citations de grands auteurs, ses talents d'artiste peintre, son don pour la musique, son érudition théâtrale, sa culture cinématographique ?

Sans l'ombre d'un doute, la culture fait mouche à chaque fois pour ce qui est de vous placer sous le feu des projecteurs.

Malheureusement, nous n'avons pas tous été logés à la même enseigne par Dame Nature et certains ont davantage de facilités que d'autres. Alors, que ce soit la faute à de moins grandes facultés, des capacités moindres, l'impossibilité de consacrer le temps nécessaire à un apprentissage approfondi, le manque de moyen, la faible exposition lors de notre enfance ou, plus simplement, une incroyable fainéantise nous faisant préférer nous prélasser au bord d'une piscine, à parfaire notre bronzage et à exhiber notre corps en sirotant des *piña coladas*, plutôt que de rester enfermé dans une bibliothèque à lire des centaines de vieux grimoires pour quelques minutes d'attention de temps à autre… vous trouverez dans ce chapitre de quoi vous aider à mettre en place des esbroufes culturelles.

Heureusement pour nous qui souhaitons la récompense sans les efforts, les lauriers sans les risques, le beurre, l'argent du beurre, le cul de la crémière, le zizi du crémier et le bail de la crémerie pour pas un rond, la culture est l'un des domaines comportant le plus grand nombre de filous au mètre carré. Il ne nous sera donc pas très difficile de nous y faufiler et de subtiliser un peu de l'éclat qu'elle offre à ses adeptes.

Si presque tout le monde prétend regarder des émissions littéraires, aller au théâtre, visiter des musées, visionner des reportages culturels sur des sujets pointus, écouter des opéras, aimer les films d'auteur bhoutanais et lire des classiques de la littérature, il n'y a qu'à observer les chiffres de ventes et d'audience pour s'apercevoir que tout ça n'est qu'un tas de balivernes. Dans les faits, on passe davantage de temps à zoner sur Internet devant des vidéos virales vides de sens, à feuilleter des magazines people, à se divertir avec des jeux vidéo, à mater des superproductions, des émissions de divertissement et des reportages sensationnels ayant pour toile de fond le trafic de drogue, l'argent sale, la délinquance et la prostitution.

Alors, donnez-vous-en à cœur joie sans crainte ni vergogne. Dans la plupart des cas, nos vis-à-vis, bien que clamant le contraire, ne regardent pas ces fameux contenus intellectuels, et sont bien souvent dans la même situation que nous, en pleine imposture, débitant des sornettes pour donner une image d'eux-mêmes positive et flatteuse.

L'ART CONTEMPORAIN

L'art contemporain est un domaine dans lequel vous devriez vous engouffrer si vous envisagez de briller en société. De nos jours, vous pouvez devenir un immense artiste sans avoir la moindre notion de perspective ni même être jamais entré en contact avec un pinceau.

Produits ménagers, détritus, objets du quotidien, vieilles carcasses, excréments... sont autant de matières premières en mesure de vous faire devenir un artiste tendance, centre de toutes les attentions. Tout étant question de culot, de réseau, de marketing et de sous-texte artistico-philosophique.

Mon conseil : Ne vous contentez surtout pas de parler d'art contemporain, pratiquez ! Investissez dans un atelier ou transformez une pièce de votre lieu de vie en atelier. Bien souvent, avoir la gueule barbouillée de peinture et un local plein d'œuvres et d'installations « en cours de création » vous permettra de briller et de devenir le centre de l'attention.

S'il est indéniable qu'être un amateur d'art contemporain est déjà une bonne chose, en être un étincelant pratiquant, connu, reconnu et bien coté sur le marché de l'art, est encore mieux. Si vous voulez mon avis, il y a beaucoup trop d'argent et de prestige en jeu pour jouer petits bras. Voyez grand, visez haut. Quitte à utiliser cette rouerie, allez-y à fond.

Le monde de l'art contemporain est à la fois opaque, sectaire et beaucoup plus accessible que certains autres domaines culturels. Dans cet univers, une audace monstre, de bons concepts, un aplomb à toute épreuve et une imagination de filou peuvent vous propulser sur le devant de la scène. Soyez sûr de vous, de votre valeur et des conneries que vous avancez, transformez votre personne en marque, ne ratez jamais une occasion de faire votre promotion, parlez de vous à la troisième personne... et il n'est pas impossible que vous parveniez à obtenir des résultats impressionnants assez rapidement. Combinez ces quelques qualités à un carnet d'adresses juteux, amateur de spéculations et d'optimisation fiscale, et le ciel pourrait bien être votre seule limite.

Histoire de vous faire gagner du temps et de vous aider à vous mettre le pied à l'étrier, voici quelques idées pour vous permettre de commencer votre carrière dans le monde de l'art contemporain dès aujourd'hui.

Mettez-les correctement en application et il ne vous faudra pas longtemps pour impressionner amis, famille, proches, critiques, mécènes et galeristes, briller en société et devenir le centre de toutes les attentions. À vous de jouer !

Idée n° 1 : Faites des sculptures à partir d'anciens appareils ménagers. Transformez des objets du quotidien usés en êtres humains vêtus comme des vieillards ou des malades. Mettez en avant leur solitude tout en laissant transparaître le parfait état de fonctionnement qui est encore le leur.

Titre de l'œuvre : Obsolescence.

Le sous-texte artistico-philosophique : Une dénonciation virulente et sans compromis de l'obsolescence programmée et du délirant gaspillage des matières premières pour des besoins immédiats et, bien souvent, superflus.

Idée n° 2 : Confectionnez des vêtements avec des billets de banque de différentes valeurs. Basiques avec des petites coupures et pièces de haute couture avec des grosses coupures.

Titre de l'œuvre : Ostentation.

Le sous-texte artistico-philosophique : Une dénonciation virulente et sans compromis de la société de consommation, de la futilité de la mode et du besoin maladif d'afficher notre statut social au travers de ce que l'on porte.

Idée n° 3 : Un téléphone portable à la mode et hors de prix faisant face à un chariot rempli de l'équivalent en produits de première nécessité. Au centre, une personne aux revenus modestes tente de tenir les deux, irrémédiablement écartelée.

Titre de l'œuvre : Posséder ou se sustenter.

Le sous-texte artistico-philosophique : Une dénonciation virulente et sans compromis d'un certain sens des priorités complètement distordu et perdu.

Idée n° 4 : Un gadget électronique dernier cri surplombant les dizaines de kilos de matières premières nécessaires à sa fabrication, le tout recouvert avec un simulacre de sang.

Titre de l'œuvre : Désastre écologique.

Le sous-texte artistico-philosophique : Une dénonciation virulente et sans compromis du gaspillage des matières premières et des affreuses conditions de travail des employés exploités dans la production de ces articles.

Idée n° 5 : D'un côté, des dizaines d'êtres humains, nus, mal en point, à quatre pattes, cheveux parsemés, entassés les uns contre les autres dans un minuscule enclos. Et, un peu plus loin, des animaux, sourires aux lèvres, assis à une table, en train de déguster un délicieux repas.

Titre de l'œuvre : Inversion des rôles.

Le sous-texte artistico-philosophique : Une dénonciation virulente et sans compromis de la production de viande, de l'élevage de masse et des conditions de vie de ces animaux.

Idée n° 6 : Faites une installation à partir de radeaux de fortune, de petits bateaux à moteur en sale état, de morceaux de bois usés par l'eau et le temps, recouverts de sang.

Titre de l'œuvre : Les nouveaux radeaux de la méduse.

Le sous-texte artistico-philosophique : Une dénonciation virulente et sans compromis des ravages des traversées de migrants et de la coupable inaction des pays occidentaux.

Idée n° 7 : Créez des menottes avec des tampons usagés.

Titre de l'œuvre : Le patriarcat.

Le sous-texte artistico-philosophique : Une dénonciation virulente et sans compromis de l'asservissement des femmes et de la précarité menstruelle dont elles sont victimes.

Idée n° 8 : Filmez-vous tous les jours en train de manger, de vous laver, de vous brosser les dents, de pisser, de dormir puis de chier. Faites-en un montage accéléré condensant deux, trois, dix ou trente années. Si vous le pouvez, embringuez d'autres personnes avec vous et faites un assemblage en écran divisé de l'ensemble de cet immense flux de vidéos.

Titre de l'œuvre : Deux ans ; Trois ans ; Dix ans ; Des vies.

Le sous-texte artistico-philosophique : Une dénonciation virulente et sans compromis de l'absurdité de nos existences.

SUGGESTION - SUGGESTION - SUGGESTION - SUGG

Ne vous sentez pas obligé de me créditer. En revanche, en cas de succès, je vous saurai gré de me virer un petit quelque chose en guise de remerciements. Un pourcentage entre 25 et 35 % du prix de vente me semble honnête et raisonnable.

Vous trouverez mon RIB à la fin du livre.

SUGGESTION - SUGGESTION - SUGGESTION - SUGG

LA MUSIQUE

La musique est un excellent moyen de briller en société. Malheureusement, sans aucun talent dans le domaine, il est compliqué d'en obtenir quoi que ce soit à l'esbroufe.

Il n'y a que si vous êtes en mesure de balancer des chansons à l'improviste ou de sortir votre guitare pour claquer quelques accords que vous pourrez devenir le centre de l'attention grâce à la musique. Et si vous avez déjà ces aptitudes musicales, vous n'avez pas besoin de mes conseils. Pour tous les autres, les mal-aimés du solfège, honteux blasphémateurs des vocalises, ignobles avilisseurs de tempo, vils offenseurs de la clé de sol... le mieux est sans doute de passer votre chemin.

La musique est un domaine où il est malaisé de briller sans la moindre aptitude. Pousser la chansonnette en massacrant les tympans innocents d'un public non consentant vous fera peut-être momentanément devenir le centre de l'attention, mais nul doute que vous paierez cher cet affront. Si ce n'est du prix du sang, au moins de celui des hématomes.

Astuce : Avec un peu de travail, un bon look et la maîtrise de seulement trois ou quatre accords, il est déjà possible de captiver l'attention d'un auditoire. Alors apprenez-les !

Si vous en avez marre de vous faire éclipser par un zicos beau gosse piquant toutes les fouffes les soirs d'été, et refusez de continuer de noyer votre désespoir dans l'engloutissement de bière bon marché, vous n'avez pas d'autres alternatives.

Si vous êtes fatiguée de vous faire voler la vedette par une miss vibrato yeah yeah yeah wow wow wow, et refusez de continuer de noyer votre désespoir dans le dézingage de guimauve bon marché, vous n'avez pas d'autres alternatives.

Exemples de morceaux à maîtriser pour briller :

– *Get Up Stand Up* de Bob Marley.
– *Stand By Me* de Ben E. King.
– *Love Me Do* des Beatles.
– *Heartbreak Hotel* de Elvis Presley.
– *Knockin' On Heaven's Door* de Bob Dylan.

Avec cette liste, vous aurez déjà de quoi proposer des petits concerts d'une vingtaine de minutes, soit largement assez pour captiver un auditoire et pouvoir prétendre au glorieux titre de star des feux de camp. La promesse de rencontrer de beaux succès musicaux dans les mois à venir – et de caresser soyeuses fouffes ou vigoureux membres bandés à bloc – n'est plus qu'à quelques accords de vous. Saisissez-là !

AVERTISSEMENT : Fuyez les instruments ringards.

La guitare, l'harmonica, la darbouka, le djembé, le saxo, le violon, le ukulélé… sont des instruments stylés qui vous permettront de briller. La flute, quand bien même vous seriez plutôt bon, vous permettra rarement de resplendir. L'ocarina, le triangle, les maracas, le kazoo, la guimbarde, la cornemuse – même s'ils ont un certain charme lorsqu'ils sont maîtrisés – sont à bannir ! Pour une soirée feu de camp en bord de plage, ça ne fonctionnera pas. Le moindre con avec une guitare vous éclipsera. Ce sont des instruments pour les vrais amoureux de la musique, ce qui ne nous concerne pas. Pour les filous dans notre genre cherchant uniquement à se faire remarquer, être les centres de l'attention ou tirer un coup les soirs d'été, ce ne sont pas les meilleurs. Évitez-les.

LA LITTÉRATURE

Quoi de mieux que de parler de littérature pour briller en société et accaparer l'attention lors de soirées mondaines ?

Malheureusement, tout le monde n'a pas forcément le goût ni le temps de se farcir la lecture des 1 200 pages du dernier grand prix littéraire ou du nouveau livre à la mode, même si prétendre les avoir lus fait toujours son petit effet.

À la question : As-tu lu le dernier ******** ?
Toujours répondre : Oui.

Pardon ? Vous ne l'avez pas lu ? La belle affaire ! Moi-même je ne l'ai pas lu, et pourtant ça ne m'a jamais empêché de faire comme si et d'étaler ma « science » jusqu'à plus soif à chaque fois que l'occasion s'est présentée. D'un autre côté, si je ne devais parler que des livres que j'ai lus, à part quand la conversation viendrait à aborder *Pif Gadget, Le Journal de Mickey* ou le *Manuel des Castors juniors*, j'aurais rarement l'occasion de la ramener. Ce qui, comme vous le savez, n'est pas vraiment mon genre.

Après, si vous souhaitez le lire, ce fameux livre dont tout le monde parle, libre à vous. Mais vu le rythme des publications, je doute que vous puissiez suivre la cadence. Il y aura toujours un nouveau prix, toujours un nouveau livre à la mode, sans cesse, constamment, tous les deux jours. Même en y passant tout votre temps libre, vous n'y parviendrez pas. Le temps de terminer la lecture du dernier phénomène littéraire, la mode sera déjà à un autre. Il n'y a que si vous avez la possibilité de les lire avant leur sortie que vous pourrez suivre le tempo, et encore, à condition de lire vite et d'avoir accès en avant-première aux livres qui feront l'événement. Ce qui est assez peu probable pour le commun des mortels.

Seulement, si vous souhaitez briller en soirée, vous n'avez pas le choix ! Vous devez en parler quand il est de bon ton d'en parler, c'est-à-dire avant sa sortie ou dans la foulée. Quel intérêt d'en causer deux ans après sa publication quand tout le monde en aura déjà parlé ou sera passé à autre chose ?

À la question : As-tu lu le dernier ******** ?

Ne surtout pas répondre : Non, je ne l'ai pas lu ; ou : Je vais bientôt le lire ; ou : Il est dans ma liste de livres à lire.

C'est inenvisageable ! Vous ne pouvez pas vous permettre d'apporter ce genre de réponses. Vous passez à côté de trop nombreuses opportunités de briller. C'est inadmissible !

Et répondre : « Non, je ne l'ai pas lu » plus d'une fois, c'est prendre le risque de passer pour un ignare ou une personne qui sort d'une grotte après six mois de vie en dehors de la civilisation. Ce qui n'est pas ce que nous souhaitons.

Astuce : Faites une veille permanente de la thématique. Tenez-vous informé des prix littéraires à venir, des ouvrages en lice et des livres qui font l'événement. En agissant de la sorte, vous préviendrez tout risque de vous retrouver pris au dépourvu lors d'une conversation mondaine.

Mais, me direz-vous, comment faire pour prétendre avoir lu un livre que l'on n'a pas lu ? Excellente question.

Il va sans dire qu'en répondant : « Oui, je l'ai lu » à chaque occasion, vous vous exposez à des interrogatoires et à devoir donner votre avis plus en détail. Heureusement pour nous, au royaume des aveugles, les borgnes sont rois. Et, si vous n'avez ni le goût ni le temps de vous farcir la lecture des 1 200 pages du dernier grand prix littéraire ou du nouveau livre à la mode, dites-vous que c'est probablement aussi le cas de vos congénères, mais qu'eux ont sans doute moins de scrupules que vous et n'hésite pas à en parler malgré tout.

Ne l'oubliez jamais et agissez en conséquence.

Astuces pour parler d'un livre que l'on n'a pas lu :

– Commencez par acheter le livre dont vous souhaitez parler quand bien même vous n'auriez aucune intention de le lire ! Posséder l'ouvrage et poster des photos de vous en train de le « lire » sur vos réseaux sociaux vous fera déjà briller. Une fois que vous serez en possession de ce livre à la mode, que vous l'ayez réellement lu ou non aura d'emblée beaucoup moins d'importance. Alors que si vous ne l'avez pas en votre possession, il va être plus difficile de faire croire à qui que ce soit que vous l'avez lu, et encore plus de resplendir grâce à lui.

– Si vous n'avez pas les moyens de vous payer tous les derniers livres à la mode, essayez de vous procurer des services presse, investissez dans une carte de bibliothèque ou prenez-vous en photo avec, depuis les rayons d'une librairie ou d'une grande surface, puis reposez-les avant de poster les photos de vos « dernières acquisitions ». À vous les *likes* pour zéro balle !

– Lisez quatrième de couverture et table des matières avec attention. Certaines contiennent suffisamment d'éléments pour vous permettre d'en parler sans avoir à en lire plus.

– Prenez le temps de lire l'introduction et la conclusion pour vous faire une petite idée du style et de la tonalité.

– Retenez la phrase d'introduction et, éventuellement, aussi celle de conclusion. Certains auteurs leur accordent une importance particulière. Si ces phrases ont été travaillées pour être mémorables, alors mémorisez-les.

Histoire de commencer à vous faire un stock, voici quelques exemples de premières phrases cultes :

« Quoi que puisse dire Aristote et toute la philosophie, il n'est rien d'égal au tabac : c'est la passion des honnêtes gens, et qui vit sans tabac n'est pas digne de vivre. »

– *Dom Juan*, Molière.

« Tu vois, ma bonne amie, que je tiens parole, et que les bonnets et les pompons ne prennent pas tout mon temps ; il m'en restera toujours pour toi. »

– *Les Liaisons dangereuses*, Choderlos de Laclos.

« Me voici donc seul sur la terre, n'ayant plus de frère, de prochain, d'ami, de société que moi-même. »

– *Les Rêveries du promeneur solitaire*, Rousseau.

– N'hésitez pas à les déclamer avec des trémolos dans la voix pour montrer à quel point elles vous ont ému et marqué.

– Pour briller davantage, n'appelez plus les premières phrases d'un roman « premières phrases d'un roman ». Incipit est le terme technique et c'est beaucoup plus impressionnant.

– Apprenez une citation d'une phrase de la page 124… ou d'une autre page si vous avez un nombre qui vous tient plus à cœur que le 124. Personnellement, le 124 est un nombre qui m'a toujours plu et réussi. Dans le doute, donnez-lui une chance de vous prouver son efficacité…

Attention toutefois ! En prenant votre citation au hasard, il se pourra que votre choix ne soit pas très pertinent. Vous devrez donc la déclamer avec beaucoup de talent ou ne pas rester bêtement bloqué dessus, et en sélectionner une autre.

– Si vous avez une bonne mémoire, apprenez de multiples citations. Faites en sorte de les choisir dans des passages éloignés de plusieurs dizaines de pages. C'est un plus.

– Retenez tous les titres des précédents ouvrages de cet auteur actuellement sous le feu des projecteurs. Grâce à ça, vous aurez une excellente diversion vous permettant de ne pas avoir à vous éterniser sur le contenu du livre que vous n'avez pas lu, tout en pouvant faire étalage de vos connaissances au sujet de son auteur. Si la technique est superficielle, elle est efficace, et parfaitement en mesure de vous faire briller.

– Partez en quête d'anecdotes autour de la création de l'œuvre : nombre d'années qui ont été nécessaires à son écriture, nombre de refus de la part des éditeurs, nombre de ventes de la première version autoéditée, montant exorbitant de l'avance, nombre de pays dans lequel elle va être traduite, noms de réalisateurs songeant à en acheter les droits pour en faire une adaptation ciné… Autant d'informations faciles à récolter qui sont toutes des possibilités de parler du livre sans en parler tout en en parlant… et surtout, sans avoir à le lire !

– Rassemblez un maximum d'anecdotes et de rumeurs sur la vie privée tumultueuse et tourmentée de l'auteur. Comme la fois où il a tenté de tuer son amant en lui tirant dessus ; la fois où il a passé sept jours dans une chambre d'hôtel de Las Vegas à consommer les drogues les plus folles ; la fois où il a fouetté à grands coups de ceinture un journaliste lui ayant fait une mauvaise critique ; la fois où il a déversé une tonne de merde devant la maison d'un producteur qui avait selon lui foiré l'adaptation d'un de ses bouquins ; la fois où il a fait un séjour en hôpital psychiatrique ; la fois où il a fait de la prison ; la fois où l'on a essayé de le poignarder… Ou bien la rumeur selon laquelle il ne dormirait que cinq heures par nuit ; la rumeur selon laquelle il collectionnerait les squelettes humains ; la rumeur selon laquelle il aurait mangé de la chair humaine lors d'une expédition ayant mal tourné ; la rumeur selon laquelle il coucherait avec une personne différente tous les soirs, sans regard du sexe et de l'âge ; la rumeur selon laquelle il écrirait avec une plume trempée dans du sang de chèvre sacrifiée les nuits de pleine lune ; la rumeur selon laquelle son inspiration lui viendrait de forces démoniaques lui soufflant l'intégralité de sa production durant son sommeil...

Grâce à cette diversion, vous pourrez passer davantage de temps à développer sur des cancans croustillants qu'à avoir à prendre le risque de vous exprimer directement sur le contenu d'un livre que vous n'avez pas lu. Et, pour ne rien gâcher, il y a de fortes chances que ce soit plus agréable à écouter, plus facile à récolter et plus sympa à déblatérer. Tout bénef !

– Bâtissez-vous un avis à partir de celui des autres. Articles, vidéos, blogs, journalistes, libraires, sites collaboratifs... de nos jours, ce n'est pas ce qui manque. Attention toutefois, vous n'êtes pas à l'abri de vous faire un avis sur un livre que vous n'avez pas lu, à partir de l'avis de quelqu'un qui s'est lui-même fait un avis sur un livre qu'il n'a pas lu non plus, à partir de l'avis de quelqu'un qui... vous avez compris l'idée. Soyez sûr de votre source, ou recoupez plusieurs avis pour vous faire un avis moins enclin à être un mauvais avis.

– Préparez de multiples petits blablas disant plus ou moins tout et n'importe quoi, sans vraiment rien dire du tout, mais vous permettant tout de même de dire quelque chose.

Exemples de petits blablas à apprendre par cœur :

– « Une délicieuse satire, mordante et acide, dévoilant dans un rire sauvage nos plus inavouables travers. »

– « Un ouvrage étonnant, brutal et hilarant. »

– « Une critique acerbe et irrévérencieuse… * »
– « Une dénonciation virulente et sans compromis… * »
– « Une œuvre visionnaire, pointue et déjantée, décrivant dans les moindres détails toute la complexité… * »

*Remplacez les * par :* de la société de consommation, de la société du spectacle, du libéralisme, du monde des médias, de la mode, du communautarisme, de la mondialisation…

– Soyez snob ! Parlez de ce livre en refusant d'en parler ! Élevez-vous au-dessus de la masse en vous moquant de ceux qui sont heureux d'en parler. « Ça me fait doucement sourire l'engouement actuel pour cet auteur. Il y a encore peu, lorsqu'il était inconnu du grand public et des médias, nous n'étions qu'une poignée à le lire. Aujourd'hui, c'est devenu un lieu commun. Même ma bonne se targue de le lire. »

Et voilà ! Tout ça mis bout à bout ne vous prendra pas plus de vingt minutes pour élaborer votre supercherie. Beaucoup moins que les trente à soixante heures de lecture nécessaires à l'engloutissement d'un pavé de 1 200 pages ! Avec un peu d'entraînement, vous devriez assez rapidement parvenir à lire plus d'une vingtaine de livres par semaine sans avoir à les lire. Ce qui, à n'en pas douter, vous permettra de toujours faire un bel effet sur votre auditoire et charmera vos convives qui se féliciteront de la compagnie d'un hôte associant à si hauts degrés verve, bonne manière et impressionnante érudition.

Idées de livres à prétendre avoir lu :

– *À la recherche du temps perdu* de Proust.
– *Mémoires d'outre-tombe* de Chateaubriand.
– *L'Homme sans qualités* de Musil.

- *Guerre et Paix* de Tolstoï.
- *Ulysse* de Joyce.
- *Être et Temps* de Heidegger.
- *Zibaldone* de Leopardi.
- *Phénoménologie de l'Esprit* de Hegel.

Ce sont des livres si imposants ou si complexes que le nombre de personnes prétendant les avoir lus excède grandement celui de ceux qui les ont réellement lus. En les citant, vous ne prenez pas trop de risques de tomber sur un gus qui vient de les lire et en mesure de vous démasquer.

À une époque où le simple fait de lire un article de blog, un texte de plus de 500 mots, voire une notice d'assemblage, peut vous élever au statut d'intellectuel, vous pouvez presque sans crainte citer n'importe quel bouquin dépassant les 600 pages.

AVERTISSEMENT : Si je dis presque sans crainte, c'est parce que si les imposants pavés sont parfaits pour une personne souhaitant briller en société, certains sont à fuir.

Développement personnel, jeunesse, aventure, policier, fantasy, soft porn… les fans de ces genres sont capables de s'empiffrer des centaines de pages de leurs auteurs préférés.

Pour faire simple, fuyez toutes les œuvres victimes de leur succès. Évitez les ouvrages connus de tous parce que souvent présents dans les programmes scolaires ou parce qu'adaptés des tonnes de fois en films, téléfilms, séries, pièces, jeux, bandes dessinées, dessins animés…

À moins de savoir précisément de quoi il retourne – ce qui n'est clairement pas notre cas, vu que nous sommes des resquilleurs à la recherche de succès rapides et faciles, sans véritablement savoir quoi que ce soit de ce que l'on raconte –, ce sont des ouvrages à éviter. Il sera compliqué de trouver des lieux sur cette planète où vous ne tomberez pas sur au moins une personne qui n'en aura pas déjà plus ou moins vaguement entendu parler. À part vous faire attraper en flagrant délit de calembredaines, vous ne parviendrez pas à grand-chose.

Exemples de livres à éviter pour les imposteurs :

- *Les Trois Mousquetaires* de Dumas.
- *Les Fourberies de Scapin* de Molière.
- *Candide* de Voltaire.
- *Les Fables* de Lafontaine.
- *Hamlet* de Shakespeare.
- *Harry Potter* de Rowling.
- *Le Petit Prince* de Saint-Exupéry.
- *Le Seigneur des anneaux* de Tolkien.

Mon conseil : Privilégiez les œuvres imposantes, cultes, marginales ou maudites dont le titre résonne fortement dans l'imaginaire collectif, mais peu lues parce que trop longues, trop complexes, trop sombres ou trop violentes.

Astuce : Plus important que de connaître des livres, vous devez en posséder. De préférence, en grande quantité.

De nos jours, il est possible de s'en procurer d'énormes lots d'occasion pour pas trop cher. Alors, rendez-vous chez un bouquiniste ou à un marché aux livres, et achetez-en un max. Une fois cela fait, vous n'aurez plus qu'à les étaler dans votre salon et les parties les plus visitées de votre domicile. Pour briller encore plus, soyez original, ne vous contentez pas de les entasser dans une bibliothèque, faites-en des éléments à part entière de votre décoration. Transformez-les en arches de portes. Recouvrez-en le sol de certaines pièces. Empilez-les de façon décalée et créative. Faites-en pendre depuis le plafond en les accrochant à des ficelles. Collez-en certains au mur. Utilisez des pages de livres qui vous ont marqués en guise de tapisserie… Puis, prenez-vous en photo en train de vivre au milieu de tous ces livres et balancez le tout sur le Net.

LES CITATIONS

Un excellent moyen de faire de vous une personne qui capte l'attention avec intelligence et à-propos, c'est de manier à la perfection l'art de la citation. En apprenant par cœur des tonnes de citations, même si vous n'avez pas lu le moindre livre, même si vous ne savez pas grand-chose au sujet dont vous parlez, vous vous assurez de brillantes prises de parole.

Mon conseil : Faites en sorte d'apprendre régulièrement de nouvelles citations histoire de ne pas vous retrouver à toujours tourner sur les mêmes. Sans quoi ça pourrait finir par donner de vous l'image d'une personne qui ne connaît que quelques phrases brillantes et les ressort à chaque fois. Évitez cet écueil en apprenant au moins une nouvelle citation par semaine.

Astuce : Essayez de faire coïncider le sujet de la citation que vous allez ajouter à votre répertoire à celui qui domine l'actualité. Vous pourrez ainsi plus facilement la caler et augmenterez d'autant la pertinence de vos prises de parole.

Exemples du bon usage des citations :

L'actualité : Grève dans les transports.

Tonalité générale de la discussion : Putain, ouais, y en a marre ! Cette grève de mes burnes, elle commence à bien faire chier ! Toujours les mêmes conneries qui cassent les couilles !

Votre tentative de briller – Citation au hasard :
– « C'est en voyant un moustique se poser sur ses testicules qu'on réalise qu'on ne peut pas régler tous les problèmes par la violence. »

Résultat probable : Hein ?! Mais qu'est-ce qu'il raconte, ce bouffon ?! C'est quoi, cette histoire de moustique et de testicules ?! C'est quoi, le rapport avec la grève qui fait chier ?!

Votre tentative de briller – Citation choisie avec soin :
– C'est sûr que, par moments, tous ces blocages peuvent être agaçants, mais comme disait Ernesto Che Guevara : « Celui qui n'a pas le courage de se rebeller n'a pas le droit de se lamenter. » Et n'est-il pas préférable de voir un peuple fier et revendicateur à un peuple soumis et pleurnicheur ?

Astuce : Pour une efficacité maximale, prévoyez aussi une citation défendant la position inverse. Cela vous permettra, quelle que soit la tonalité, d'avoir toujours une citation à sortir. Pour ne jamais rater une occasion de briller, vous devez être sûr de constamment pouvoir dire tout et son contraire.

Tonalité générale inverse : Ces enfoirés de patrons, suppôts du libéralisme, affameurs des petites gens, ils ne pensent qu'à faire des bénéfices sur le dos des travailleurs ! On verra, après trois mois de grève, s'ils la ramènent toujours. Nous sommes la force ! Nous sommes le peuple ! Nous devons nous unir et reprendre possession des outils de production !

Votre tentative de briller – Seconde citation choisie :

– Vous venez de toucher un point sensible, mon cher ami. Ça me fait d'ailleurs penser à une phrase de ce bon vieux Churchill qui disait : « Le vice inhérent au capitalisme consiste en une répartition inégale des richesses. La vertu inhérente au socialisme consiste en une égale répartition de la misère. » De là à pouvoir établir définitivement lequel de ce vice ou de cette vertu est préférable me paraît parfaitement illusoire.

LE THÉÂTRE

Brûler les planches est un excellent moyen de devenir le centre de l'attention et de briller en société. Mais tout le monde n'a pas vocation à entrer à la Comédie-Française ou la capacité de déclamer des classiques en collant moulant. Bien heureusement, nul besoin de viser si haut pour obtenir un excellent retour sur investissement avec cette thématique.

Mon conseil : Misez sur le théâtre expérimental.

Choisissez des auteurs particulièrement obscurs et donnez des représentations dans des bars louches, des salles de concert alternatives ou des endroits absolument improbables du type : usine désaffectée, souterrain, squat… Bien souvent, vous aurez rarement plus de dix personnes qui viendront assister à vos « performances ». Et, dans la plupart des cas, ces dix personnes seront plus là rapport à la promesse d'alcool gratuit après la représentation que par amour de l'art. Mais pouvoir balancer à qui veut l'entendre que vous êtes un artiste d'avant-garde performant régulièrement sur la scène underground de votre ville est un excellent moyen de briller.

Astuce : Si vous êtes de nature timide et introvertie, ou si vous ne vous sentez pas encore le goût de monter sur scène, commencez par vous caler dans le public. Soyez le onzième convive assistant à ces fameuses performances.

Fréquenter des lieux undergrounds, connaître des artistes, appartenir à un groupe de gens légèrement décalés, tenir un discours alternatif cherchant à combattre l'ordre moral et la bien-pensance bourgeoise de ses ainés, et assister à des performances de dix heures se résumant à regarder un gars dormir sur scène, mimer une querelle familiale entre asticots chicaneurs ou interpréter un arbre une nuit d'été n'est pas donné à tout le monde. Ça vous élève plus d'un ennuyeux quidam au statut d'amateur de théâtre contemporain, mécène des temps modernes et soutien de l'avant-garde artistique.

LE CINÉMA

Depuis son invention, le cinéma est la machine à rêves par excellence. Hollywood, le *Walk of Fame*, les stars, les marches du Festival de Cannes, les plateaux de tournage, les flashs des appareils photo, les interviews, les autographes, les fringues de créateurs, les stylistes, les maquilleurs, les bijoux des plus grands joailliers… de quoi faire tourner bien des têtes.

Appropriez-vous ne serait-ce qu'une infime partie de cet univers, et vous verrez votre cote grimper en flèche.

À propos du cinéma – La dénomination :

Si vous souhaitez briller en société, commencez par ne plus dire que vous aimez le cinéma comme un spectateur lambda ayant une carte d'abonnement à un multiplexe de vingt-cinq salles. Par pitié, oubliez tout ça. Désormais, vous concernant, il n'est plus question de cinéma, mais de septième art. Vous n'aimez pas le cinéma, vous êtes féru de septième art.

À propos du cinéma – Le lieu :

Pour resplendir un tant soit peu, vous ne pourrez plus vous permettre de faire la même chose que le consommateur de base. Donc, le meilleur moyen de poser le cadre de vos balivernes à venir est le choix d'un lieu approprié. Aucune des sornettes que vous allez déblatérer et que l'on va voir par la suite ne se déroule dans un multiplexe. Toutes se passent dans un cinéma d'art et d'essai.

Privilégiez les petits cinémas dotés de moins de cinq salles, contenant moins de cent places chacune et, de préférence, sans climatisation ou confort digne de ce nom. Avec, si possible, une seule et même personne chargée de l'accueil, de la vente des tickets, de la projection, de la comptabilité, du ménage et du réapprovisionnement en papiers toilette, et dont vous devrez impérativement connaître le prénom.

À propos du cinéma – La langue :

Vous pouvez parfaitement regarder des films doublés, mais vous entêter à faire la même chose que n'importe quelle adolescente friande de séries acidulées bas de gamme ne vous aidera pas à resplendir des masses.

À partir de maintenant, vous ne devez plus regarder aucun film étranger doublé. Ou alors, uniquement en cachette. Seul, sous votre couette, dans l'obscurité de votre chambre. Sinon, sous aucun prétexte. C'est une honte. Pire, un blasphème.

Mon conseil : Poussez le délire jusqu'à prétendre que vous n'utilisez jamais de sous-titres afin de ne pas trahir le visuel de l'œuvre par de grossières inscriptions en bas de l'écran.

À la question : Mais comment fais-tu pour comprendre un film russe ou asiatique ?

Répondre : C'est une question d'habitude.

Répondre : J'ai un don pour les langues.

Répondre : Le langage du corps permet de faire passer bien plus d'informations que le langage oral. L'oralité est un instrument de domination qui n'est que tentatives de corruption et de manipulation. Le langage corporel a une innocence et une immédiateté que n'a pas l'oralité. Le geste est pur quand la parole n'est qu'artifice, une arme aux services des dominants. Si tu veux mon avis, le langage de la caméra, la lumière, le corps des acteurs, voilà l'essence du septième art. Comme au temps béni du muet. Tout le reste n'est que subterfuges et diversions utilisés par des escrocs ou des feignants incapables de retranscrire en images leur message. Des mensonges émis par des salopards dénaturant l'essence même et la beauté intrinsèque du septième art, cherchant à noyer sous un flot de paroles ineptes le vide de leur pensée.

Si, à votre réponse « J'ai un don pour les langues », un petit malin souhaitant vous piéger venait à vous demander si vous les parliez toutes, histoire de vous mettre dans l'embarras, rétorquez : « J'ai longtemps été malade lors de ma jeunesse, et, d'avoir eu à passer une grande partie de mon enfance souffreteux, souvent immobilisé, parfois entre la vie et la mort, m'a permis de développer des aptitudes dans de multiples domaines, même si ce sont des choses dont je n'aime pas trop causer. Ça me rappelle tant de mauvais souvenirs… »

Si le con se met à parler en mandarin ou en russe pour voir si vous y pigez quelque chose, éclatez en sanglots. Entendre à nouveau cette sonorité vous remémore les longues heures passées sur votre lit d'hôpital, entre la vie et la mort, à regarder de vieux films russes ou chinois sur le lecteur VHS de votre chambre, seul, épuisé et apeuré. Après ça, normalement, vous devriez être sorti d'affaire pour un petit moment.

Mais il n'est pas impossible que vous tombiez sur un con vraiment très con qui continue d'insister et cherche à tout prix à vous coincer. Alors, mettez-vous à tousser. Ce sera le moment ou jamais de voir ressurgir les symptômes de votre maladie et de faire un malaise. Agir ainsi vous permettra de rester le centre de tous les regards tout en vous sortant de ce guêpier au plus vite. Un détour par la case hôpital est toujours un bon moyen de détourner l'attention, de fuir des problèmes pressants ou des situations embarrassantes, tout en restant le sujet de toutes les conversations. Alors n'hésitez pas !

À propos du cinéma – L'extrême snobisme :

Le cinéma, comme le monde de l'art en général, est le repère du snobisme par excellence. Donc, ne vous privez pas, soyez encore plus snob que les snobs. Poussez le snobisme à un tel degré d'absurdité que ça en devienne hypnotisant.

Idée de snobisme extrême : Soutenez que vous regardez les films de votre pays d'origine uniquement à l'étranger.

À la question : T'as vu le dernier film de ********** ? (Remplacez les étoiles par un nom de réalisateur local connu.)

Répondre : J'attends qu'il sorte à **** (remplacez les étoiles par le nom d'une ville étrangère) pour le voir. Sincèrement, il n'y a pas mieux que leurs salles pour admirer un film. Ils ont un tel respect pour le cinéma que chaque projection devient une expérience quasi mystique. Depuis que j'ai goûté à ça, j'ai un peu de mal à retourner voir des films dans les autres salles.

À propos du cinéma – La découverte de pépites :

Pour briller à coup sûr, prétendez avoir été estomaqué par la vision du dernier film de Chí Tài Phan, formidable réalisateur vietnamien qui vient de terminer sa trilogie muette contemplative de douze heures sur le monde des esprits et le rapport à la mort dans la culture asiatique. Un *must-see*. Une époustouflante allégorie. Un poème cinématographique. Une claque. Une œuvre poignante dont on ne ressort pas indemne.

Vous ne l'avez pas vu ? La belle affaire ! Qui l'a vu ? Personne ne l'a vu ! Moi-même, je ne l'ai pas vu et pourtant ça ne m'a jamais empêché de faire comme si et d'étaler ma « science » jusqu'à plus soif à chaque fois que l'occasion s'est présentée. Je ne saurais pas vous dire le nombre de soirées que j'ai passé à causer de ce génial réalisateur et à survendre sa grandiose filmographie ; chaque éloge fait à cet artiste n'ayant pour seul objectif que de faire monter un peu plus le cours de l'action de ma personne et du formidable esthète que je suis.

Ce qui est d'autant plus fourbe de ma part quand on sait que cette trilogie ainsi que ce réalisateur n'existent pas ! À part, bien entendu, dans un recoin sombre de ma caboche… et dans les nombreux articles et *vlogs* que j'ai faits à son sujet. Oui, effectivement, j'ai peut-être pu pousser le vice jusqu'à écrire des papiers et faire des vidéos dessus. Désolé.

C'est l'un des avantages avec le cinéma, il y a un tel nombre de productions, et Internet permettant de trouver dans des recoins cachés des réalisations n'ayant jamais été approchées par le moindre réseau de distribution, que vous pouvez inventer tout et n'importe quoi, sans quasi aucun risque d'être contredit. Avec cette technique, vous allez pouvoir déblatérer sans fin sur les innombrables merveilles scénaristiques et trouvailles visuelles du fameux Chí Tài Phan – ainsi que celles d'autres réalisateurs, que je vous laisse tout le loisir de « découvrir » par vous-même, ayant pondu films muets de quatre heures d'un seul plan fixe ou drames familiaux de vingt-quatre heures tournés en temps réel – sans avoir à vous farcir la moindre œuvre chiante à mourir de douze heures sans dialogue venant de l'autre bout du monde, et continuer d'enchaîner comédies à succès et superproductions.

AVERTISSEMENT : Ne tentez surtout pas cette esbroufe face à un cinéphile qui n'a plus vu la lumière du jour depuis plus ou moins cinq ans tellement le gars passe l'intégralité de son temps libre dans les salles obscures à mater des films.

Immanquablement, vous allez vous heurter à un mur et risquez d'avoir droit à un lapidaire : « Non. Connais pas. Jamais entendu parler. Pourrais-tu me dire comment se situe son cinéma rapport à celui d'Apichatpong Weerasethakul ? »

Après un truc pareil, nul doute que *ah bah bah* et *heu heu heu* seront les seuls bruits qui sortiront encore de votre bouche. Tout le monde réalisera que vous étiez en pleine mystification, et que vous êtes autant spécialiste de cinéma qu'ils sont spécialistes de production d'arachide. En même temps, est-ce bien intelligent de raconter des bobards sur le thème du septième art devant un expert capable de vous citer les cinquante dernières Palmes d'or, ainsi que le nom de leurs réalisateurs, producteurs, scénaristes, interprètes, directeurs de la photographie, et pourquoi pas celui de leurs stagiaires en charge du ravitaillement en clopes, café et drogues ? Un peu de discernement, que diable ! Vous amuseriez-vous à tenter un bluff face à un joueur de poker détenteur de multiples bracelets de champion du monde ? Bon ben alors !

Si, malgré tous mes conseils bienveillants et avertissements amicaux, vous décidiez tout de même de le faire, ne venez pas vous plaindre ou pleurnicher une fois pris la main dans le sac. Un peu de décence, je vous prie. Le but n'est pas de miser économies, baraque, voitures, conjoint, enfants, animaux de compagnie et de faire tapis préflop avec 7 et 2 dépareillé en main. Un 3 bet light en fin de parole, pourquoi pas… mais si ça revient durement sur vous, faut savoir lâcher ses cartes et se dire qu'il y aura d'autres occasions plus sûres de rafler la mise.

La culture - Conclusion

Comme vous l'avez vu au cours de ce chapitre, la culture est une excellente thématique pour briller en société sans trop d'efforts. Malheureusement, dans certaines situations, elle souffre d'un point faible la rendant quasi inutilisable : lorsque votre route croisera celle d'une encyclopédie sur pattes. Là, il sera compliqué de pouvoir espérer resplendir par ce biais.

Si un intello semble traîner ses guêtres à l'intérieur du groupe que vous souhaitez éblouir, reportez à plus tard votre tentative d'esbroufe culturelle. Attendez une opportunité où le terrain sera moins hostile et où vous aurez une marge de manœuvre plus avantageuse. Sachez être patient. Avec un tel spécimen dans les parages, vous avez tout intérêt à oublier momentanément les choses de l'esprit pour faire valoir la puissance de votre corps ainsi que vos impressionnantes réussites sportives. Face à un gars qui la ramène trop avec son ciboulot, ne cherchez pas à lutter sur son terrain, vous ne pourriez que perdre. Bandez vos muscles subtilement et annihilez tranquillement son savoir grâce à vos exploits.

Pour y parvenir, surtout si vous n'êtes pas un sportif de haut niveau, je vous donne rendez-vous au chapitre dédié au sport et aux astuces pour briller dans cette thématique.

Le sport

Il ne fait aucun doute que, dans notre société valorisant énormément l'apparence physique et la bonne santé, le sport est une excellente façon de briller auprès d'une large audience. Malheureusement, tout le monde n'a pas la chance d'avoir un corps d'athlète ou des prédispositions au sport de haut niveau.

Si vous n'êtes pas capable de faire un tour de stade sans cracher vos poumons, si vous n'êtes pas apte à soulever des haltères sans vous flinguer le squelette, si vous n'êtes pas en mesure de coordonner suffisamment correctement vos membres pour parvenir à faire la moindre figure acrobatique, mais que vous souhaitez malgré tout vous draper de la magnifique aura que le sport peut offrir à ses brillants adeptes, bien heureusement, personne n'est contraint de subir cette morne et triste réalité. Des moyens existent pour la sublimer.

Grâce à ce chapitre, vous allez avoir la possibilité de vous transformer en simili-sportif de haut niveau, sans même avoir à verser la moindre goutte de transpiration, ni à prendre un coûteux abonnement dans une salle de sport ou à entrer en contact avec des haltères, des survêtements, des entraîneurs, des compléments alimentaires ou des shakers de protéines. Vous allez pouvoir obtenir une grande partie des bénéfices de la pratique sportive, sans avoir à vous confronter à la violence physique et psychologique qui peut en résulter. Sans avoir à vous retrouver face à une discipline qui se moquera de vos sacrifices et des milliers d'heures passées à souffrir pour elle, dans le vain espoir d'obtenir une quelconque considération.

RÉCOLTER LES LAURIERS DU SPORT SANS EN SUBIR LES PRIVATIONS

Bien souvent, un récit habilement ficelé associé à un aplomb sans faille et des apparences crédibles peuvent vous offrir autant d'attention qu'un titre de champion dans une quelconque fédération, et ce, sans avoir à fournir les terribles efforts ni à subir les privations nécessaires à son obtention.

Afin de vous aider dans la mise en place de vos esbroufes sportives, je vais vous présenter quelques erreurs à éviter.

Avertissement n° 1 : N'abordez jamais la thématique lors d'une conversation se déroulant plus ou moins à proximité d'un lieu permettant la pratique d'une activité sportive. Le faire, c'est prendre le risque de devoir prouver vos dires et de voir votre duperie démasquée. Basez votre réussite sur le récit et les apparences, fuyez la mise en pratique.

Préférez toujours parler de sport en soirée, en boîte de nuit, lors d'un cocktail, au comptoir d'un bar… et autres lieux de ce type mieux adaptés à notre tendance à la sublimation du réel.

Avertissement n° 2 : Si les réseaux sociaux sont de plus en plus souvent les complices idéaux des escrocs de l'attention, vous ne devez pas en abuser. Ils peuvent se retourner contre vous, surtout si vous êtes plein de bluffs. Internet est une sorte d'immense placard à preuves compromettantes en mesure de détruire les meilleurs récits. Ne l'oubliez jamais, et procédez régulièrement à un ménage de votre présence sur le Web.

Avertissement n° 3 : Ne pensez pas pouvoir faire reposer votre réussite sportive sur votre degré de maîtrise de logiciels de retouche photographique. S'ils pourront, dans une période de méforme et d'abus de pâte à tartiner, vous rendre service et momentanément masquer l'état véritable de votre physique, cela ne doit être qu'une ruse temporaire. Ça ne peut pas être le socle de votre stratégie. À moins de ne vivre que dans la virtualité du Web et de refuser tout détour par le monde réel, vous allez, à un moment ou à un autre, vous retrouver face au terrible écart entre votre réalité et la scénarisation de votre vie sur Internet, et cela vous sera préjudiciable vu que votre réalité n'existe que dans la virtualité. Vous devez donc penser votre démarche façon fripouille à l'ancienne. Ne misez pas tout sur des techniques qui ne peuvent pas vous servir dans la vraie vie.

Avertissement n° 4 : Évitez les disciplines dont la pratique est censée se voir à l'œil nu sur votre carrure ou pouvant être sujettes à des contacts physiques trop virulents. Votre duperie serait facilement démasquée et vous risqueriez d'avoir à en souffrir de nombreux effets secondaires indésirables.

Avertissement n° 5 : Oubliez catégoriquement tout ce qui concernerait des affabulations du type : Je suis champion de ********, ou : Je suis détenteur du record de ********.

Malgré toute l'ingéniosité de mes conseils, sans effort de votre part, sans aptitudes, sans entraînement, il y a des lois de la physique que même le plus grand des filous ne peut pas contourner. En vous entêtant à essayer de caler des boniments pareils, vous allez vous retrouver à devoir gérer les insinuations de mensonge du moindre con en possession d'un smartphone. Vous vous mettez à moins de trois clics de la vérité. Je vous le déconseille fortement. Si vous voulez pouvoir sortir ce type d'assertion, vous devez réellement être champion de ******** ou détenteur du record de ********.

AVOIR UN PALMARÈS ET BATTRE DES RECORDS SANS FAIRE DE SPORT

Mais, me direz-vous, n'y a-t-il vraiment aucun moyen pour obtenir un palmarès ou devenir détenteur d'un record sans faire de sport et sans entraînement particulier ? Excellente question ! Comme je viens juste de vous le dire, il y a des lois de la physique qu'il est impossible de contourner, mais, pour notre plus grand bonheur, il existe quelques brèches à l'intérieur desquelles il est envisageable de se faufiler pour les amateurs de carabistouilles qui rêvent de titres et de records.

Astuce : Songez à battre un record du monde insolite. Pour les filous dans notre genre, ne faisant pas ou peu de sport, c'est probablement le seul moyen de parvenir à inscrire notre nom à un palmarès et de devenir champion d'une discipline ou détenteur d'un record homologué.

Idées de records du monde insolites à battre :

– Le 100 mètres sur talons aiguilles.
– Le 50 mètres sur patins à mains.
– Le 100 mètres sur ballon sauteur.
– La plus grosse bulle de chewing-gum.
– Le plus grand nombre de ballons éclatés en 30 secondes.
– La plus grande tour de papier toilette en 30 secondes.
– Le plus grand nombre de dominos empilés.
– Le plus grand nombre d'abeilles portées sans protection.
– Le plus d'œufs cassés en une minute avec les gros orteils.
– Le plus grand nombre de hot-dogs avalés en une minute.
– Le plus grand nombre de piments ingérés en une minute.
– Le plus grand hamburger confectionné au monde.
– La plus longue écharpe tricotée du monde.
– La plus longue distance de propulsion d'un petit pois.
– Le plus long lancer avec les pieds en tir à l'arc.
– Le plus grand nombre de ventouses lancées et collées sur des cibles humaines en une minute.
– Le plus grand nombre de pastèques écrasées entre les cuisses, avec la tête, avec les seins… en une minute.
– Le plus de tours de zizicoptère effectués en une minute.
– Le plus de tours de stylo autour du pouce en une minute.
– La plus longue poignée de main entre deux personnes.
– Le plus grand nombre de rouleaux de papier toilette déroulés d'une main en une heure.
– Le plus grand nombre de rouleaux de papier toilette en équilibre sur la tête pendant 30 secondes.

Alors, oui, très clairement, ces records ne vous permettront pas d'obtenir autant d'attention que celui du 100 mètres et que le titre d'humain le plus rapide du monde. Mais, autant vos chances de battre celui du 100 mètres sont quasiment nulles, pour ne pas dire inexistantes, autant concernant les disciplines précédemment citées – ou d'autres, plus en accord avec vos goûts et capacités –, suite à une petite préparation ou sur un malentendu, ce n'est pas inenvisageable.

Attention toutefois ! Si la concurrence y est moins rude que dans des disciplines plus « conventionnelles », vous ne devriez pas la négliger. Ces records demandent de réelles aptitudes. Ne vous laissez pas berner par le côté « rigolo » des intitulés.

Mon conseil : Si vous souhaitez véritablement battre un record, le meilleur moyen d'y parvenir sans avoir à trop souffrir, ça reste quand même de créer votre propre discipline. En étant le premier, seul et unique pratiquant d'un sport – au moins dans un premier temps –, vous mettez véritablement toutes les chances de votre côté d'en devenir aussi bien le champion que le détenteur des records. Et, une fois détrôné, vous en resterez pour toujours le créateur. À vous de jouer !

AVOIR D'EXCELLENTES PERFORMANCES SPORTIVES SANS FAIRE DE SPORT

Si vous ne faites pas de sport, mais souhaitez malgré tout pouvoir impressionner les gens qui croisent votre route grâce à vos performances, il y a certaines choses à savoir.

Une des bases de l'esbroufe sportive est de ne jamais donner de nombres qui tombent pile. Jamais ! Tout ce qui est lié au sport et se termine par des nombres ronds fait suspect et artificiel. Imaginez que vous souhaitiez prétendre pratiquer le décathlon, vous croyez vraiment que vous allez être pris au sérieux en balançant des records du type : 11 secondes au cent mètres, 7 mètres au saut en longueur, 15 mètres au lancer de poids, 2 mètres au saut en hauteur… Je ne le pense pas. Alors qu'avec des performances du type : 11 secondes 08 centièmes au cent mètres, 7 mètres 53 au saut en longueur, 14 mètres 72 au lancer de poids, 1 mètre 96 au saut en hauteur (barre passée au troisième essai)… ça rend nettement mieux.

Dès que vous commencerez à vouloir rentrer dans le détail de vos exploits, il est important que vous balanciez toujours des résultats alambiqués, si possible avec des virgules, des dixièmes, des centièmes, des millièmes, des centimètres et des millimètres, ça sonne nettement plus vrai.

Autre chose importante concernant vos performances – et ce d'autant plus qu'elles n'existent pas ! –, arrangez-vous toujours pour ne pas avoir à les mettre en pratique en prenant soin de choisir des disciplines qui vous en dispensent.

Ne dites pas : Je fais 120 pompes en moins d'une minute.
Dites plutôt : Je fais 3 reps à 127,5 kg au développé couché.

La raison : Des pompes pendant une minute, ce n'est pas l'activité la plus complexe à mettre en place, quand bien même vous seriez en soirée et pas dans une tenue adaptée à la pratique sportive. Si quelqu'un décide de vérifier la véracité de votre allégation, rien ou pas grand-chose ne va être en mesure d'empêcher la compétition d'avoir lieu. Alors que concernant un record au développé couché, à moins que le casse-couille ambitionnant de vous démasquer se balade avec un banc de musculation sous le bras, ça va être plus compliqué à vérifier.

En soirée, accoudé à un bar, occupé à siroter des *amaretto sour* tout en racontant vos exploits à qui veut bien les écouter, vous devriez aisément pouvoir passer entre les mailles du filet.

AVERTISSEMENT : Vous devez être conscient que le mieux, surtout lorsque l'on dit n'importe quoi dans le but de se faire mousser, c'est de toujours se renseigner un peu avant de l'ouvrir. En sachant un minimum de quoi on parle, on peut se permettre de dire n'importe quoi avec plus de précision.

En l'occurrence, 78 pompes à la minute au lieu de 120 aurait été un meilleur nombre. D'autant plus quand on sait – et que vous aussi devriez le savoir si vous songez à aborder la thématique – que le record du monde, au moment où j'écris ces lignes, est de 113 pompes en une minute.

Quoi qu'il en soit – 120, 78, 5… –, toute cette histoire de pompes est une supercherie beaucoup trop facile à démasquer.

Ne dites pas : Je cours le 100 mètres en 10 secondes 98.

Dites plutôt : Je cours le marathon en 2 h 26.

La raison : À part si vous êtes dans une cave ou dans un lieu exigu et de ne pas pouvoir en bouger, voir votre vitesse de pointe sur une courte distance va être chose facile. Alors que contrôler vos capacités sur marathon, à moins de partir d'emblée pour 42 kilomètres de footing, ça va être plus compliqué à vérifier. Ça vous laisse une marge de manœuvre.

Si jamais la personne vous invite à courir avec elle le week-end suivant, acceptez poliment et oubliez de donner suite.

Attention toutefois ! La pratique de la course à pied étant de plus en plus populaire, vous n'êtes absolument pas à l'abri de tomber sur un pratiquant avide de briller plus que vous.

Dans ce cas, ne dites pas : Je cours le marathon en 2 h 26.

Dites plutôt : Je fais des ultra-trails de cent miles en moins de trente heures.

Là, déjà, le nombre de participants à ce genre d'épreuve baisse, et le risque de croiser quelqu'un qui y connaît quelque chose diminue drastiquement, tout comme celui de croiser un gus ayant dans l'idée de vous accompagner sur une sortie de trente heures pour vérifier vos dires.

160 kilomètres de course à pied sur des sentiers à flanc de falaise, ça refroidit les ardeurs de plus d'un fervent coureur.

LES DISCIPLINES À ÉVITER

Le sport et la valorisation excessive du physique génèrent souvent des réactions vives, et potentiellement violentes.

En vous engageant dans cette thématique, vous devez être conscient que vous risquez de vous retrouver à devoir faire face à des critiques de passionnés complètement obsédés par le sujet, capables de calculer l'indice de masse corporelle d'une personne à l'œil nu à cinq cents mètres de distance. Si jamais vous veniez à croiser un de ces spécimens dans la vraie vie, une dangereuse joute verbale pourrait éclater. Nul doute qu'après des années à suer sang et eau, à se coucher à 22 heures et à se lever à 7, à ne manger que flocons d'avoine, salade, riz, concombre, asperge, blancs d'œufs et de poulet, à dépenser des fortunes en compléments énergétiques, le loustic puisse être légèrement sur les nerfs face à un fumiste venu lui voler la vedette, passant sa vie à faire la nouba, sans aucune hygiène alimentaire, buvant comme un trou et n'ayant pas soulevé le moindre haltère depuis une bonne dizaine d'années.

Il ne se laissera pas reléguer dans l'ombre par un bandit de l'attention sans rien faire. Il voudra rétablir la vérité, récupérer l'attention qui est censée lui revenir, ira peut-être jusqu'à vous bastonner afin de vous faire passer le goût de l'usurpation.

Voilà pourquoi certaines disciplines sont à bannir de toute éventualité d'esbroufe. Quand bien même vous auriez envie de vous parer de leur aura, abstenez-vous de le faire, il vous en cuirait. Face à un fanatique de la transpiration, possédé par la noblesse de sa discipline, sacrifiant tout à son sport, vénérant les illustres pratiquants qui l'ont précédé et lui ont ouvert la voie de l'illumination, soit vous devrez prouver ce que vous avancez, soit ça va tourner au désastre.

Exemples de disciplines à éviter :

Ne dites surtout pas : Je suis ceinture noire de karaté.
Ne dites surtout pas : Je suis champion de culturisme.
Ne dites surtout pas : Je suis pratiquant de combat libre.

Ceinture noire de karaté – Les inconvénients :
Ils sont nombreux. Clairement, vous n'êtes pas à l'abri de vous retrouver dans une soirée où traîne un fervent adepte de la voie de la main vide. Et là, face à un furieux ayant pris option *katana* dont le sacerdoce est de ne laisser passer aucun affront, et dont le petit plaisir coupable est de transformer les couillons prétentieux osant bafouer sa noble discipline en *sashimi*, vous êtes dans la merde. Vraiment dans la merde.

Vous devez réaliser que les gus qui vivent le plus clair de leur temps en kimono sont particulièrement tatillons sur tout ce qui concerne les notions de respect et de code d'honneur. Vous croyez sérieusement que vous allez pouvoir leur mentir sans qu'ils cherchent à tester la véracité de vos dires en vous balançant un *shuto uchi* par surprise ou en tentant d'effectuer sur votre personne un brutal *kaishaku* ?

Vous seriez bien naïf de penser de la sorte. Sincèrement, ce type de déclaration un peu trop osée, c'est le genre de connerie qui peut assez rapidement détériorer l'ambiance festive et bon enfant d'une agréable soirée dont vous étiez le centre de l'attention. Sur un *kiai* inattendu de la part d'un mécontent saoulé d'avoir à écouter vos sornettes vantardes, vous allez en deux temps trois mouvements passer de l'engloutissement de petits fours à la lumière au bout du tunnel.

C'est typiquement le genre de déclaration abusive et imprudente qui a de fortes chances d'avoir pour conséquence votre brusque transfert au service des urgences le plus proche, nez cassé, arcade sourcilière fissurée, lèvre supérieure fendue, à moitié inconscient, entre la vie et la mort, le tout suite à un assaut d'un réel pratiquant de karaté qui aura souhaité vérifier la validité de votre prétendue ceinture noire.

Champion de culturisme – Les inconvénients :

À moins de l'être véritablement, ou de pratiquer un peu, ça va se voir à l'œil nu que vous êtes en pleine fabulation. Surtout si vous avez un physique plus proche d'un cintre que d'une statue de l'antiquité. Personne n'aura à se donner la peine de croiser le fer avec vous pour démonter votre supercherie.

Les pratiquants de cette discipline passant quelque chose comme 95 % de leur temps à moitié à poil, comment pensez-vous pouvoir les blouser ? Soyez réaliste, oubliez la discipline !

Pratiquant de combat libre – Les inconvénients :

Déjà que ceinture noire d'un quelconque art martial, ce n'est pas brillant comme esbroufe, mais, au moins, en cas de provocation ou d'injonction à vous battre, vous pouvez toujours prétexter un prétendu code d'honneur, le respect de l'enseignement de votre *sensei*, le fait que c'est un art, un cheminement intérieur, et que cette noble discipline ne peut être souillée par de vulgaires affrontements où seuls règnent la frime et l'égo, allant à l'encontre de toutes les notions de respect et de spiritualité qui sont la base de cet art martial.

Mais expert en combat libre ? Sérieusement ? Autant vous jeter vous-même du toit d'un immeuble. C'est parfaitement inconscient comme assertion, surtout si vous ne l'êtes pas.

Un jour, votre route viendra forcément à croiser celle d'un pratiquant qui voudra se bastonner avec vous, juste pour voir quel est votre niveau et s'il est en mesure de vous désosser. Un dingo qui estime une journée réussie à partir du moment où il a pu faire couler le sang d'un autre être humain, un fou furieux qui considère comme une forme de musique le son des os qui craquent sous la puissance de ses frappes, un descendant des vikings qui ne voit d'autre moyen pour atteindre le *Valhalla* que les armes en mains et du sang adverse plein la gueule. Inévitablement, une telle rencontre ne va pouvoir se régler qu'à grands coups de jabs, de crochets et d'uppercuts, de clés, d'étranglements, d'*hane-maki-komi* ou de *sumi-otoshi*... et ne va pouvoir se conclure que par des commotions cérébrales et des hémorragies internes.

Et, si vous n'êtes ni pratiquant d'un art martial ni expert en combat libre, je ne vois qu'une seule issue possible à tout ça : votre décès. Immanquablement, vous allez faire office de sac de frappe, vous faire salement amocher et finir dans un service de réanimation ou entre quatre planches. Abstenez-vous !

LES DISCIPLINES À PRIVILÉGIER

Si vous souhaitez briller grâce au sport sans avoir à en faire, voici les types de disciplines que vous devez privilégier :

– Les disciplines avec des fédérations peu structurées.

– Les disciplines improbables et peu pratiquées.
– Les disciplines populaires à l'étranger.
– Les disciplines oubliées, mais impressionnantes.
– Les disciplines nécessitant du matériel encombrant.
– Les disciplines récentes et stylées, mais peu médiatisées.

La raison : Si vous choisissez bien votre discipline, vous allez pouvoir briller en toute tranquillité, sans jamais risquer de voir votre mystification révélée par un expert mécontent d'observer un zigoto récoltant des lauriers non mérités.

Idées de disciplines à « pratiquer » :

– Le bossaball : C'est une sorte de volley-ball qui se joue sur un immense trampoline. Idéal vous concernant, sauf si vous balancez ça chez un gus en possession d'un trampoline.

– Le hockey subaquatique : Comme son nom l'indique, c'est du hockey qui se joue sous l'eau. Idéal vous concernant, sauf si vous balancez ça chez un gus en possession d'une piscine et passionné de hockey.

– Le bog snorkelling : C'est une sorte de course de natation dans la boue se déroulant au beau milieu de tourbières. Idéal vous concernant, sauf si vous balancez ça chez un gus habitant à proximité d'une zone marécageuse.

– Le zorbing : C'est une discipline fun et extrême qui consiste à dévaler une pente (herbeuse, enneigée…) dans une sphère en plastique dite « boule de zorb ». Idéal vous concernant, sauf si vous balancez ça chez un gus habitant à proximité d'une pente et en possession d'une ballule.

– **Le lancer de tronc d'arbre :** Comme son nom l'indique, cette discipline consiste à lancer d'immenses troncs d'arbre le plus loin possible. Idéal vous concernant, sauf si vous balancez ça chez un gus habitant à proximité d'une forêt ou en possession d'immenses troncs d'arbres prêts à être lancés.

Conseil pour les personnes non dotées d'un physique de colosse énervé : Évitez de faire croire que vous êtes champion dans cette discipline ou pensez à préciser que vous concourez en poids léger. Sans quoi vous serez vite démasqué. Si vous êtes incapable de porter une branche sans vous faire une tendinite au coude, préférez une autre discipline pour briller.

– **Le lancer de menhir :** Comme son nom l'indique, cette discipline consiste à lancer des menhirs. Idéal vous concernant, sauf si vous balancez ça en Bretagne, auquel cas vous n'êtes vraiment pas super inspiré. Même s'il est aussi possible d'en croiser dans plusieurs pays d'Europe de l'Ouest, en Asie ou en Afrique, il y a énormément de coins à travers le monde où il y a peu de chances pour que vous tombiez sur un gus en possession d'un menhir et où vous pourrez prétendre « pratiquer » cette discipline sans crainte.

– **Le maniement du goupillon :** À moins d'être pas très futé et de balancer ça au beau milieu d'une fête médiévale, il est relativement peu probable de croiser un rabat-joie se baladant avec un goupillon à la ceinture. Vous allez donc pouvoir fanfaronner sans risque de vous faire démasquer par un importun bien décidé à vous empêcher de briller.

– **Le Mayan Fireball Game :** C'est une sorte de hockey – originellement pratiqué par les Mayas – qui se joue avec un ballon en feu. Ancestral, dangereux et impressionnant, c'est un sport stylé à prétendre « pratiquer » ! Idéal vous concernant, sauf si vous balancez ça chez un dingue de hockey ou un gus instable, pyromane à ses heures perdues, et un peu trop intéressé par tout ce qui a trait aux sacrifices humains.

– **Kayak, kitesurf, parapente, chute libre, base jumping, canyoning, saut à l'élastique, plongée sous-marine… :** Vous connaissez beaucoup de gens qui se baladent avec un kayak, un kitesurf ou un parapente sous le bras ? On est d'accord ! À moins de très mal choisir votre moment et les personnes que vous souhaitez bluffer, il y a relativement peu de chances que vous vous retrouviez face à un fanatique accro à l'adrénaline, se baladant constamment avec plusieurs parachutes de base jumping sous la main, connaissant une falaise, un immeuble ou un spot à proximité, bien décidé à vous défier pour vérifier la véracité de vos déclarations.

Ce qui en fait de merveilleuses disciplines à « pratiquer » pour les filous dans notre genre.

– **Quelques fausses bonnes idées :** Certaines disciplines peu connues et impressionnantes – comme le chessboxing ou le cycle-ball pour ne citer que ces deux-là – pourraient vous attirer, mais je vous les déconseille fortement.

Si le cycle-ball – sorte de football joué sur des vélos – peut paraître une discipline intéressante pour ce qui est briller en société, dans les faits, ça ne l'est pas. Du moins, pour une personne dans notre situation, c'est-à-dire qui ne la maîtrise absolument pas et tente juste de se faire mousser. Les chances de tomber sur un gars en possession d'un vélo et d'un ballon qui demanderait à ce que vous lui fassiez une démonstration de vos talents dans la discipline sont trop élevées pour prétendre la pratiquer sans courir le risque d'être démasqué.

Concernant le chessboxing, si ça peut paraître une discipline intéressante pour ce qui est de briller en société, dans les faits, ça ne l'est pas. Les chances de tomber sur un individu qui gère suffisamment bien les échecs ou la castagne pour vous mettre échec et mat en quelques coups ou K.-O. d'un crochet du droit sont trop élevées pour envisager de prétendre la pratiquer sans un minimum de maîtrise.

Fuyez ces disciplines ! Elles ne conviennent pas à un bonimenteur. Si je comprends qu'elles puissent vous attirer, ce serait déraisonnable de vous y aventurer pour une esbroufe.

Vous avez saisi la subtilité ? Quelles sont les activités sportives que vous pouvez prétendre pratiquer pour vous permettre de briller en société, et celles que vous ne devez sous aucun prétexte utiliser dans votre quête d'attention ?

L'idée, c'est de sortir quelque chose de suffisamment hors du commun et impressionnant pour attirer les regards vers vous, sans dépasser les limites liées à la décence, à la gravité ou tout simplement pas en mesure de résister à trois requêtes Internet, histoire de ne pas finir affublé d'une réputation de mythomane ou de voir la réalité vous rattraper à grands coups de mandales dans la gueule. Vendez du rêve, des limites repoussées, des exploits et des compétitions épiques dont vous seriez sorti grand vainqueur, tout en prenant bien soin de toujours rester suffisamment flou et évasif pour ne pas devoir mettre en pratique vos paroles, ou être contraint de prouver à un barjot avide de confrontation, féru de vérité et doté d'un taux de testostérone supérieur à la moyenne, la véracité de vos propos, surtout si vous êtes en pleine affabulation.

Le sport – Conclusion

Comme vous l'avez vu, il n'est pas nécessaire d'avoir à suer à grosses gouttes pour briller en société grâce au sport. Malheureusement, dans certaines situations, il souffre d'un point faible le rendant quasi inutilisable : les autres sportifs. Lorsque votre route croisera celle d'une force de la nature ne vivant que pour repousser ses limites, il sera compliqué pour vous de pouvoir espérer briller par ce biais.

Clairement, si un accro aux endorphines semble traîner ses guêtres à l'intérieur du groupe que vous souhaitez éblouir, reportez à une autre fois vos tentatives d'esbroufes physiques. Attendez une opportunité où le terrain sera moins hostile et où vous aurez une marge de manœuvre plus avantageuse. Sachez être patient. Avec un tel spécimen dans les parages, vous avez tout intérêt à oublier momentanément les choses du muscle pour faire valoir la puissance de votre esprit et vos contacts avec l'au-delà. Face à une personne qui la ramène trop avec ses aptitudes physiques, ne cherchez pas à lutter sur son terrain. Dévoilez subtilement votre connaissance de mondes parallèles et annihilez tranquillement ses exploits grâce à vos envoûtants pouvoirs de divination.

Pour y parvenir, surtout si vous n'êtes pas réellement extra-lucide, je vous donne rendez-vous au chapitre dédié au paranormal et aux astuces pour briller dans cette thématique.

Le paranormal

Tout ce qui a trait au paranormal, à des mondes invisibles au commun des mortels, à des forces occultes nous dépassant et à des pouvoirs mystérieux en mesure de plier l'inéluctabilité du réel en notre faveur ou de prédire les événements à venir sont d'excellents moyens de briller en société et de devenir le centre de l'attention.

La thématique du paranormal – bien entendu, seulement si elle est parfaitement maîtrisée et correctement utilisée ; car dans le cas contraire, je ne donne pas cher de votre peau – est capable de transformer le plus anodin quidam en puissant sage doté de pouvoirs envoûtants, de draper le plus commun des êtres humains d'une aura mystique, d'élever la dernière des merdes au statut de saint homme.

Prophéties, prédictions, horoscopes, communication avec des esprits, lecture des lignes de la main... Quoi de mieux pour faire frissonner et attiser la curiosité de petites bestioles paumées sur un gros caillou flottant au beau milieu d'une immensité tellement immense qu'elle en est quasi impossible à conceptualiser ? Face à un auditoire en quête de repères, d'assurances et de personnes sur lesquelles se reposer, le fait de détenir des connaissances paranormales est un formidable bonus en mesure de faire de vous le centre de l'attention.

Si, partout où vous irez, il y aura toujours quelques sceptiques pour vous enquiquiner, vous dénigrer et tenter de saboter votre fonds de commerce, il y aura aussi toujours en contrepartie un public prêt à boire vos paroles.

DU DANGER DE FRICOTER AVEC LES FORCES OBSCURES

Avant d'aller plus loin dans la description des techniques à mettre en place afin de briller en société grâce au paranormal, je me dois de vous prévenir. Il y a des limites à vous imposer et des choses à vous interdire.

Ne vous laissez surtout pas enivrer par la puissance de cette thématique, vous risqueriez de vous retrouver au centre d'un merdier dont vous n'avez pas idée et dont vous ne pourrez pas vous dépêtrer. Le nombre de pratiquants de l'art de l'esbroufe qui ont fini par croire en leur connexion privilégiée avec des forces surnaturelles et qui ont vu leur existence se terminer derrière des barreaux ou sur un bûcher est suffisamment important pour que vous ne négligiez pas ce risque.

Avertissement n° 1 : La religion

La religion est à bannir ! Cette thématique est à considérer comme de la nitroglycérine. Ne l'abordez jamais !

L'Histoire regorge d'exemples où elle a explosé à la gueule de pauvres gus qui ont eu l'imprudence d'en causer un peu trop librement au cours de ce qu'ils pensaient être une anodine conversation. N'y touchez pas, jamais, à moins d'être un véritable croyant. Et même si vous en êtes un, ce sujet ne doit pas être utilisé pour tenter de briller en société. JAMAIS.

Important : Ce chapitre n'a pas pour objet la foi, la vie après la mort, l'existence d'un Dieu ou d'esprits, la religion en général ou une religion en particulier.

Avertissement n° 2 : Votre égo

Ne tombez pas dans le piège de croire à vos sornettes ou de vous imaginer en possession d'un don. Si vous commencez à trop vous prendre au sérieux en oubliant le point de départ bon enfant et narquois de la démarche, ayant pour objectif de vous faire briller facilement et sans trop d'efforts, je peux vous prédire des lendemains douloureux et désagréables.

Avertissement n° 3 : L'argent

Ne prenez pas d'argent dans votre démarche. Sous aucun prétexte. Ce n'est pas le but. Quand bien même vous finiriez par rencontrer le succès. Refusez toujours fermement.

Si les gens insistent pour vous payer, insistez encore plus pour ne pas l'être. En acceptant le moindre billet, vous changeriez très rapidement de catégorie, et vous passeriez en une transaction du statut d'amuseur public bohème et mystique un peu foufou à celui d'escroc profitant de la crédulité de son auditoire. Et croyez-moi quand je vous dis que ce changement de catégorie ne vous serait pas favorable.

Avertissement n° 4 : Le Code pénal

S'il est facile de se lancer dans le paranormal, étant donné qu'une boule de cristal, des fringues stylées, du bagou et quelques notions de psychologie peuvent suffire, certains articles du Code pénal de votre pays de résidence pourraient se retourner contre vous si vous outrepassiez certaines limites.

Renseignez-vous avant de faire n'importe quoi.

Avertissement n° 5 : Le lieu et l'époque

Cette technique ne doit être mise en place qu'après une grande attention au lieu et à l'époque dans lesquels vous vous situez. Si, de nos jours, et dans beaucoup de pays occidentaux, elle est relativement bien tolérée, il n'en a pas toujours été ainsi. Dans certaines contrées, ils ne blaguent pas et sont encore très sévères concernant cette thématique. Si c'est le cas dans votre lieu de résidence, je ne peux que vous conseiller de vous abstenir de prendre part aux supercheries ultérieurement décrites, vous n'en retireriez rien de bon.

Avertissement n° 6 : L'aspect bon enfant

L'idée n'est pas de réellement parvenir à voir l'avenir ou à établir une ligne de communication avec l'au-delà, seulement de prétendre y arriver dans des cadres bon enfant du type soirée mondaine, dîners entre amis, apéros entre collègues… dans le but de divertir vos convives, de vous faire mousser un peu et de devenir le centre de l'attention.

Concentrez votre énergie sur les aspects convivialité et partage de la thématique. Si jamais vous vous éloigniez de l'état d'esprit bon enfant que je tente de vous transmettre afin d'obtenir de l'attention, vous pourriez mettre le doigt dans un engrenage en mesure de vous faire tâter de la fourche d'hérétique. Et croyez-moi, vous ne le souhaitez pas.

La pratique des techniques décrites ultérieurement n'est acceptable que du moment où la gratuité est de mise et que les « révélations » que vous ferez resteront suffisamment floues et anodines pour ne pas foutre le bordel dans la vie des uns et des autres, et ne pas générer des crises d'angoisse ou des mouvements de panique chez vos interlocuteurs.

Si jamais vous ne preniez pas au sérieux mes multiples avertissements à ne pas détourner l'art de briller en société de son cadre bon enfant, festif et mondain, je peux sans difficulté vous prédire votre avenir, et vous dire qu'il ne s'annonce pas des plus lumineux, au contraire. Je vois de la noirceur. Je vois de la souffrance. Je vois des ténèbres et moult emmerdements.

Ne faites pas l'erreur de les sous-estimer ou de les négliger, il vous en cuirait et vous le regretteriez amèrement.

TROUVER UN CONCEPT FUN ET NOVATEUR

Une fois que vous aurez bien pesé le pour et le contre, assimilé tous les avertissements, vous pourrez vous lancer dans cette thématique et commencer à réfléchir à la façon dont vous allez exprimer votre « don » à votre audience.

Idées pour vous lancer dans le paranormal :

– Trouvez-vous un look à la hauteur de votre rôle.

– Développez une façon de parler unique et mystérieuse.

– Ayez des gestes sortant de l'ordinaire.

– Faites des trucs bizarres avec vos yeux. Ayez un regard pénétrant, perturbant. Intensifiez-le avec du maquillage.

– Utilisez la danse dans vos rituels.

– Ayez de grandes quantités de bougies et d'encens.

– Ayez de grandes quantités de pierres aux vertus diverses.

– Ayez un animal de compagnie à la dégaine étrange vous permettant de communiquer avec les forces obscures.

– Possédez des supports de prédiction : boule de cristal, runes, pendule, tarot, Yi Jing, oracle de Belline ou de Gé…

– Inventez à votre hébergement des histoires étonnantes de crimes, de fantômes, de revenants, de meubles qui bougent…

– Décorez votre appartement façon cimetière.

– Dormez dans un cercueil.

– Tracez un pentacle sur le sol de votre demeure et des symboles occultes sur les murs.

– Remplissez votre bibliothèque de grimoires ésotériques.

– Possédez une momie.

– Possédez des animaux empaillés.

– Collectionnez les crânes et les squelettes humains.

– Ayez des ustensiles de mode, de cuisine, de bricolage… confectionnés à partir d'ossements.

– Investissez dans une roulotte de diseuse de bonne aventure et déplacez-vous régulièrement avec.

– Lisez l'avenir dans du cassoulet, des quenelles, de la choucroute, des spaghettis, de la paëlla, du pudding, du strudel ou toute autre spécialité de votre lieu de résidence.

– Prétendez avoir eu des vies antérieures. Prêtre égyptien, prostituée sous Louis XV, chevalier ayant participé aux croisades, sorcière morte sur le bûcher, marchand vénitien du XVe siècle, poilu défiguré dans les tranchées, meilleure amie de la pucelle d'Orléans, grognard napoléonien…

Soyez original. Soyez inventif. Suintez l'étrangeté et l'outre-tombe par tous vos pores. Créez-vous un personnage haut en couleur et devenez le centre permanent de l'attention.

PRÉDIRE L'AVENIR
SANS RIEN CONNAÎTRE AU PARANORMAL

Si la modification de votre aspect extérieur est un moyen rapide et efficace de commencer à vous draper de l'aura envoûtante et sulfureuse du paranormal, votre transformation ne sera pour l'instant qu'à un stade relativement superficiel.

Pour vous assurer d'éclatants succès mondains, vous allez devoir proposer plus qu'un simple déguisement extravagant, vous allez devoir balancer des prédictions ! Mais, me direz-vous, comment voir l'avenir ou concevoir des prédictions sans rien connaître au paranormal et sans avoir la chance d'être équipé de la moindre ligne de communication avec l'au-delà ou des forces obscures ? Excellente question ! Suivez le guide !

TYPES DE PRÉDICTIONS À PRIVILÉGIER :

- Promotion professionnelle.
- Belle rencontre.
- Naissance.
- Gain inattendu.
- Magnifique voyage.
- Nouvel appartement
- Retrouvailles avec une personne perdue de vue.

Dans l'ensemble, en fonction des gens à qui vous allez vous adresser, ce sont des événements qui ont de fortes chances d'arriver. Rien de bien extraordinaire dans ce que je viens de vous lister, c'est du domaine de la vie quotidienne, des choses qui ont lieu régulièrement. Si elles se réalisent, tant mieux. Et si elles ne se produisent pas, ce n'est pas très grave. Ça ne va pas bouleverser de fond en comble l'existence des gens.

Pour la plupart d'entre nous, l'annonce d'une promotion, d'un gain inattendu, d'une naissance, d'un voyage, d'un plan cul torride, d'une histoire d'amour, d'un nouveau logement… ça fait plaisir à entendre. Ça illumine une journée et pimente un peu un quotidien monotone. Ça permet de rêvasser sans tout foutre en l'air. Ça offre du frisson et de l'évasion.

Attention tout de même à l'utilisation que vous en faites, et à votre façon d'annoncer ces « prédictions ».

Exemples et cas pratiques :

Ne dites pas : Tu vas bientôt devenir riche !
Ne dites pas : Je vois une énorme somme d'argent !
Ne dites pas : Tu vas gagner la super cagnotte du loto !

La raison : Ce ne sont pas des prédictions acceptables !

Elles sont à bannir ! Trop spécifiques, délirantes et, pire que tout, vous engageant sur des résultats que vous ne pourrez pas livrer. Quand, trois semaines après votre prédiction, la personne reviendra vous voir, les yeux injectés de sang, de la bave aux lèvres, des insultes plein la gueule, une barre à mine à la main, pour savoir pourquoi elle n'a toujours pas gagné au loto alors qu'elle a acheté pour plusieurs milliers d'euros de tickets, a déjà commencé à faire des dépenses par anticipation du gain à venir, se balade dans un cabriolet luxueux en lieu et place de son vieux tacot, a une montre en or au poignet, plaqué sa femme pour une bimbo aux gros nibards ou son mari pour un gigolo au beau zizi, quitté son job en ayant pris soin d'insulter son patron pour être bien sûre de ne pas avoir la moindre chance de pouvoir récupérer son travail en cas de souci… vous allez être dans une merde inimaginable.

Vous n'allez pas pouvoir vous en sortir avec un simple : « Désolé, j'ai peut-être mal interprété certaines parties de ton thème » ou un : « Sois patient, de ce que me disent les esprits, ça ne devrait plus tarder à arriver ». Ça ne passera pas.

La personne aura probablement déjà foutu sa vie en l'air à cause de votre prédiction, aura les huissiers au cul, des milliers d'euros de dette, perdu son travail, sa maison, sa famille... immanquablement, elle voudra vous fracasser la tête.

Dites plutôt : Étant donné que tu es Bélier ascendant Lion, tu es intraitable en affaires et ultra-ambitieux. Avec Jupiter en maison 8, une embellie financière n'est pas impossible.

Vous saisissez la différence ? Comment nous sommes passés de prédictions avec un fort potentiel pour être le point de départ d'une suite d'événements ne pouvant avoir pour dénouement qu'une terrible catastrophe, à quelque chose de beaucoup plus fluide et moins engageant ?

Soyez toujours flou, parlez essentiellement au conditionnel, utilisez un maximum de termes techniques histoire de donner du poids à vos prédictions et ne promettez rien de concret.

Ne dites pas : Tu vas avoir une énorme promotion.

Dites plutôt : Il semble ressortir assez clairement de l'étude de ton thème une évolution de ta situation professionnelle.

Ne dites pas : Tu vas devenir propriétaire d'une maison.

Dites plutôt : Je vois un projet de changement de domicile... une envie d'investir dans la pierre. Dans une maison ? Oui, c'est ça ! Votre envie ressort nettement ! Je vois des démarches dans ce sens au cours des mois à venir.

Éléments de langage à utiliser pour vos prédictions :

– **Les supports :** Voyance, flashs, visions, boule de cristal, astrologie, tarot, lignes de la main, marc de café…

– **Les signes :** Bélier, Taureau, Gémeau…

– **Les planètes :** Jupiter, Saturne, Vénus…

– **Les éléments :** Feu, air, terre, eau.

– **Les termes techniques** : Thème, ascendant, dissonance, décan, maison, transit…

– **Les cartes :** Chariot, Bateleur, Empereur…

– **Les lignes de la main :** Main dominante, ligne de cœur, ligne de tête, ligne de vie, ligne du destin.

– **La dénomination de la période à venir :** Une période de changements, de réflexion, d'épanouissement, de remise en question, de quête de sens, de reconnexion avec l'essentiel…

– **La tendance de la période :** Évolution, amélioration, modification, observation, introspection, progression…

– **Les adjectifs qui font plaisir à entendre :** Déterminé, joyeux, indépendant, dynamique, créatif, facétieux, mutin…

– **Les phrases qui font plaisir à entendre :** Tu donnes énormément. Tu as beaucoup souffert par le passé. Tu es toujours présent pour les autres. Tu es une belle personne…

Nul besoin de devenir expert en astrologie, en cartomancie ou en chiromancie. Recherche d'exactitude ou connaissance exhaustive de ces disciplines ne sont pas nos objectifs.

Le but, c'est d'être suffisamment crédible pour donner l'illusion de la maîtrise, de sortir des trucs qui font plaisir à entendre et de pouvoir accaparer l'attention de monsieur et madame Tout-le-monde, pas d'être en mesure d'avoir une conversation avec d'autres voyants ou de devenir la référence mondiale de la communication avec l'au-delà.

Mon conseil : Prenez ces mots, et d'autres du même genre que vous trouverez en faisant quelques recherches, mettez-les les uns après les autres, dans un sens ou dans un autre, et servez-vous-en comme base pour faire des petites prédictions sympathiques, valorisantes, positives, aux contours flous et à la sonorité engageante, sans jamais rien promettre de concret.

Exemples d'utilisations des éléments de langage :

– Si Vénus poursuit sa route en Uranus dans ton ascendant sans créer de dissonance avec ton soleil natal, ça ouvre pour toi une période de changements bénéfiques.

– C'est rare, de si jolies lignes de la main ! D'un simple regard, on y voit à quel point tu es une belle personne ! Ça saute aux yeux ! Ta ligne de vie en demi-cercle indique une force hors du commun et un enthousiasme à toute épreuve.

– Avec l'Empereur associé au Bateleur, ça laisse présager des idées nouvelles et une progression professionnelle.

– Il ressort de ton thème que tu as toujours été présent pour les autres, que tu donnes énormément, mais que l'on te le rend rarement. Tu as été trahi par des proches. Oui, ça ressort nettement. Tu en portes les cicatrices ! Non, ne pleure pas ! Sèche tes larmes. Vénus en maison 7 annonce le début d'une période d'épanouissement où l'on fera appel à toi et où tes nombreuses qualités humaines seront enfin récompensées.

C'est frais, c'est plaisant à écouter, ça veut tout dire et rien dire, et tout le monde s'y reconnaîtra.

Tout le monde sera d'accord pour dire qu'il est une belle personne, qu'il donne beaucoup, qu'il est toujours présent pour les autres… En revanche, pour admettre des défauts, des manquements, des trahisons, des délits, là y a déjà beaucoup moins de monde ! En général, le problème – et ce, quel que soit le problème –, ce n'est jamais nous, toujours les autres.

En balançant des prédictions complaisantes et flatteuses, les gens devraient grandement vous apprécier et réclamer à la moindre occasion de nouvelles divinations de votre part.

Réaction(s) probable(s) à vos prédictions :

– C'est fou tout ce que tu arrives à voir dans les lignes de ma main. La force, l'enthousiasme, le fait que je sois une belle personne, tu lis en moi comme dans un livre ouvert.

– Intelligent, talentueux, bienveillant... effectivement, c'est tout moi ! C'est incroyable comme tu es parvenu à me cerner.

– La précision de tes visions est folle ! T'as vraiment un don hors du commun et une sensibilité comme j'en ai rarement vu pour m'avoir si bien compris alors que l'on se connaît à peine ! Non mais, parce que quand t'as dit que je faisais toujours passer les autres avant moi et que des gens en avaient profité, c'est exactement ça ! T'as mis des mots sur ma vie ! C'est choquant ! J'en ai la chair de poule !

TYPES DE PRÉDICTIONS À BANNIR :

Maintenant que nous avons abordé les différents types de prédictions acceptables, il est important de prendre du temps pour faire le point sur les révélations à bannir.

- Tromperie.
- Maladie.
- Perte d'emploi.
- Divorce.

- Solitude.
- Ruine financière.
- Mort.

Ces types de révélations sont à bannir ! N'abordez même pas ces sujets ! Jamais ! Sous aucun prétexte !

Qui a envie d'être malade ? Qui a envie d'être trahi ? Qui a envie d'être viré ? Qui rêve d'être trompé ? Qui rêve d'être ruiné ? Qui rêve de mourir ? Personne ! On est d'accord.

Alors abstenez-vous de proférer des choses pareilles.

Exemples et cas pratiques :

Ne dites jamais : Je ne te vois pas finir l'année en vie.

Ne dites jamais : Je ne te vois pas atteindre la cinquantaine.

Ne dites jamais : Quand ton mec prétend sortir faire du sport, en réalité, il va pilonner la fouffe de ta meilleure amie.

Ne dites jamais : Ta copine suçote de nombreuses autres teubs quand tu es en déplacement.

Ne dites jamais : Je vois dix années de malheur, de maladie et de souffrance. Je vois des cris, des larmes et du sang !

Ne dites jamais : Ton âme est souillée. Tu es une mauvaise personne. Tu as menti. Tu as trompé. Tu es un traître et un vendu. Tu es ce que l'on peut appeler une sombre merde ! Ça ressort clairement. Ça saute aux yeux. Tu es une merde !

La raison : Que croyez-vous qu'il va résulter de ces prédictions ? À part la naissance de névroses, le début de comportements suicidaires, des envies de vous orner de fils barbelés ou des unes de journaux à base de meurtres passionnels, de coups de marteau en pleine tronche et de corps découpés à la tronçonneuse ? Rien de bien constructif !

Ce ne sont pas des révélations acceptables ! Quand bien même, par le plus grand des hasards, vous auriez eu un flash en provenance directe de l'au-delà, je ne vois pas de raison valable de charger un membre de votre famille, un ami ou une connaissance du fardeau de telles révélations.

Quel bien cela va-t-il lui apporter ? Quel bien cela va-t-il vous apporter ? Aucun, si vous voulez mon avis.

Réaction(s) probable(s) à vos prédictions :

– Mais t'es qui toi, connard, pour t'permettre de m'dire des trucs pareils ? La putain de tes morts, t'es un grand malade, toi ! T'es complètement à côté de tes pompes, fils de salaud ! Ouvre-la à nouveau et j'te fracasse la gueule ! Parole !

– Non, c'est faux, tu mens ! Je ne te crois pas ! Il n'aime que moi ! Jamais il ne me tromperait ! Tu mens ! Tu dis ça parce que tu es jaloux de mon bonheur ! Tu es un menteur !

– Mais qu'est-ce que c'est qu'cette diablerie que t'essaies de me faire ? Comment qu'tu sais qu'j'vais calancher sous peu, suppôt de Satan ? Qui va m'tuer ? Toi, enfoiré ? C'est un sort qu'tu m'as jeté ? T'ambitionnes mon trépas, sombre merde diabolique ? Hé ben, avoue démon ! Avoue, adepte de la Bête !

En vous entêtant à faire des révélations de ce genre, que vous ayez raison ou pas, que vous ayez réellement eu un flash ou non, il n'y a qu'une chose qui va vous arriver, c'est le bannissement social. Finir seul dans une hutte au fin fond des bois, à manger des racines et des asticots, vêtu d'un vieux sac en toile de jute, voilà votre probable avenir.

Et encore, uniquement si vous avez la chance de vous retrouver face à des âmes miséricordieuses. Sans quoi votre ligne de vie va diminuer dangereusement et votre existence va prendre une tournure plus brutale. Ça va être direction le chevalet, l'abjuration puis le bûcher.

Le maximum du négatif qu'il est possible d'annoncer, c'est quelque chose comme une jambe cassée, une maladie bénigne, quelques tracas administratifs ou une légère perturbation du sommeil. Au-delà, vous sèmeriez des graines d'angoisse, de terreur et de rancœur, et je peux vous assurer que vous n'avez pas envie de voir quelle gueule auront les fruits lorsque l'heure de la récolte aura sonné. En restant dans ces limites, vous aurez un moyen facile de contraster vos prédictions et de les rendre plus crédibles sans aller trop loin dans le négatif.

L'existence ayant toujours un bon lot d'emmerdes en stock dans sa besace pour le commun des mortels, nul doute qu'en en annonçant quelques-unes vous ferez mouche. Mais gardez à l'esprit que le but n'est pas d'angoisser, de terroriser ou de traumatiser vos interlocuteurs. La vie s'en charge déjà assez bien toute seule. Elle n'a pas besoin de vous pour ça. Personne n'a besoin de ça. Personne ne souhaite ça.

Pensez brillance. Pensez légèreté. Pensez câlinothérapie.

Vous êtes en soirée, un *dry martini* ou un *old fashioned* à la main, entouré d'amis, de collègues et de gens que vous souhaitez impressionner, l'ambiance est festive, tout le monde est de bonne humeur… tous les ingrédients sont réunis pour vous permettre de resplendir et de devenir le centre de l'attention. Continuez dans cette dynamique. Offrez-leur un délicieux moment. Œuvrez à l'augmentation de leur bien-être. Surprenez-les, ravissez-les, amusez-les… brillez.

Divertissement et bienveillance doivent être les maîtres-mots de vos prestations occultes !

Le paranormal - Conclusion

En dehors des divers risques précédemment mentionnés, le paranormal est un excellent moyen pour briller en société sans trop d'efforts. Malheureusement, dans certaines situations, il souffre d'un point faible le rendant quasi inutilisable : les véritables connectés avec l'au-delà.

Lorsque votre route croisera celle d'un ami des esprits, sur terre dans le seul but de servir de lien entre le monde des morts et des vivants, il sera compliqué pour vous de pouvoir espérer briller par ce biais. Clairement, si un devin semble traîner ses guêtres à l'intérieur du groupe que vous souhaitez éblouir, reportez à une autre fois vos tentatives d'esbroufes paranormales. Attendez une opportunité où les astres seront moins hostiles et où vous aurez une marge de manœuvre plus avantageuse. Sachez être patient. Avec un tel spécimen dans les parages, vous avez tout intérêt à oublier momentanément les choses de l'au-delà et le monde des esprits pour faire valoir la puissance de votre verve et votre art de la conversation. Face à une personne qui la ramène trop avec ses connexions privilégiées avec des forces obscures, ne cherchez pas à lutter sur son terrain. Non seulement vous ne pourriez pas vaincre, mais vous risqueriez en plus de finir avec une malédiction sur le dos. Préférez attirer l'attention avec votre subtile utilisation de mots compliqués et les passionnantes anecdotes que vous connaissez ou qui vous sont arrivées.

Pour y parvenir, surtout si vous n'êtes pas un orateur né, je vous donne rendez-vous au chapitre dédié à l'art de la conversation et aux astuces pour briller dans cette thématique.

L'ART DE LA CONVERSATION

Savoir raconter des histoires, captiver une audience grâce à de savoureuses anecdotes ou avoir une verve étincelante sont des atouts indéniables qui vous permettront de briller.

Malheureusement, s'exprimer aisément en public n'est pas donné à tout le monde, et maîtriser un thème sur le bout des doigts en vue d'éblouir un auditoire est chose ardue et peut prendre des années. Sans compter que, même en étant expert d'un sujet, vous n'avez pas la moindre assurance que ça va intéresser qui que ce soit, ni que vous serez en mesure d'en parler de façon un tant soit peu enthousiasmante. Tout expert que vous puissiez être, vous n'êtes pas à l'abri d'être chiant à mourir. Heureusement pour nous, il existe des subterfuges permettant à n'importe qui d'hypnotiser temporairement un auditoire. Je vais me faire un plaisir de vous en dévoiler quelques-uns, les plus faciles et rapides à mettre en place.

BRILLER EN CONVERSATION EN RESTANT SILENCIEUX

Le premier subterfuge que vous devez apprendre au sujet de l'art de la conversation – surtout si vous n'êtes absolument pas doué dans le domaine –, c'est de bien fermer votre gueule.

Alors, dit comme ça, ça peut paraître bizarre. Et pourtant, c'est l'une des bases de l'art de la conversation. Bien que totalement contre-intuitif pour bon nombre de personnes, un des moyens les plus simples et rapides de donner une image de soi positive grâce à la conversation, c'est de ne pas parler.

En l'ouvrant, vous avez plus à perdre qu'en la fermant.

Soit vous dites ce que vous avez sur le cœur et vous prenez le risque de dire des choses qui ne vont pas plaire à vos vis-à-vis, et ils vous en tiendront rigueur. Soit pour ne pas courir ce risque, vous dites des choses tièdes et enchaînez fadaises et lieux communs, et vous passerez pour un barbant personnage. Soit vous dites ce que vous pensez qu'ils ont envie d'entendre, mais à ce compte-là, autant les laisser parler, car si vous faites ça pour leur faire plaisir, sachez qu'il y a une chose qui leur ferait encore plus plaisir que de vous entendre dire ce que vous pensez qu'ils ont envie d'entendre, c'est que vous la fermiez et les écoutiez le dire. Soit vous dites exactement les mêmes choses que vos vis-à-vis, et là, deux options : soit vous les dites moins bien qu'eux, et vous passerez pour un médiocre perroquet ; soit vous les dites mieux qu'eux et les éclipsez grâce à vos qualités de brillant orateur, et ils vous en voudront terriblement.

Peu importe la façon dont vous allez vous y prendre, il y a de fortes chances que vous en sortiez perdant.

Astuces pour briller en conversation sans parler :

– Fermez-la aussi souvent que possible.

– Soyez une bonne oreille, disponible et attentive. Écoutez toujours avec intérêt, patience et bonté.

– Intéressez-vous réellement à ce que l'on vous raconte même si ça ne vous intéresse pas plus que ça. Apprenez à écouter même les personnes les plus chiantes.

– Intéressez-vous aux sujets qui intéressent vos vis-à-vis.

– N'interrompez jamais votre interlocuteur.

– Attention ! Ne tombez pas dans le travers du silence total. Ne restez pas complètement silencieux ! Une telle attitude fout l'angoisse ! Si vous ne parlez pas du tout, vous allez créer un malaise ou donner l'impression que vous vous moquez de ce que l'on vous dit. Cela vous sera préjudiciable.

– Extériorisez visuellement votre écoute : ne lésinez pas sur les hochements de tête, ne mégotez pas sur les sourires…

– Montrez régulièrement votre écoute en acquiesçant et en sortant des : ah oui, d'accord, je vois, très bien, absolument…

– Apprenez à capter les contenus importants sur lesquels vous pourrez rebondir afin de ravir votre interlocuteur et de l'inviter à poursuivre et à développer ses propos.

– Ne cherchez pas à répondre de façon à vous mettre en valeur, mais toujours pour mettre l'autre en valeur.

– Utilisez un maximum de phrases courtes démontrant votre intérêt pour les passionnants propos de votre vis-à-vis, telles que : Très intéressant. C'est astucieux. Je n'y aurais jamais pensé ! Mais où trouvez-vous toutes ces belles idées ?

– Ne donnez jamais votre avis ! Quand bien même on vous le demanderait. Surtout si on vous le demande ! Ça se retournera toujours contre vous. Si vous n'avez d'autre choix que de répondre, ne dites pas le fond de votre pensée, mais ce que l'autre souhaite entendre. Ça vous évitera bien des ennuis. Personne ne veut un avis sincère, seulement des confirmations ou des encouragements à faire ce qu'ils ont déjà en tête.

– Reformulez certains propos de votre interlocuteur pour bien montrer que vous les avez saisis et retenus.

– Parlez essentiellement pour faire encore plus parler votre interlocuteur. Intéressez-vous à sa personne en prenant des nouvelles de ses projets, de sa famille, de son travail…

– Offrez-lui la parole en lui posant des questions ouvertes : Pourquoi ? Pour qui ? Comment ? Puis laissez-le parler de lui.

– Ébahissez-vous à son sujet tout en posant des questions ouvertes : Comment as-tu réussi à faire tout ça ? Pourquoi fais-tu toutes ces belles choses ? Comment fais-tu pour être aussi formidable ? Pourquoi repousses-tu toujours tes limites ?

Attention tout de même, soyez subtil ! Le but n'est pas d'en faire des caisses et de tomber dans la vile flagornerie. L'idée est de se taire pour laisser notre vis-à-vis parler, et d'œuvrer à lui renvoyer une image positive et valorisante.

Certes, en agissant ainsi, vous ne brillerez pas réellement. Du moins, pas autant qu'en ayant une verve étincelante. Mais cette technique a des avantages à ne pas négliger. En l'utilisant, non seulement vous prendrez moins de risques qu'en l'ouvrant, mais en plus elle vous offrira l'opportunité de devenir une sorte de miroir à l'intérieur duquel il est toujours agréable de se regarder, même les jours où l'on a une sale gueule. Ainsi, en ne disant rien ou presque, vous passerez pour un brillant causeur avec qui il est toujours délicieux de parler, et tout le monde ou presque vous appréciera, vous invitera, cherchera votre compagnie et chantera vos louanges.

Alors, oui… essentiellement par intérêt personnel… mais si leur intérêt fait le vôtre, ce serait bête de vous en priver !

VOCABULAIRE & MOTS COMPLIQUÉS

Mais, me direz-vous, n'y a-t-il pas des techniques faciles à apprendre et rapides à mettre en place permettant de briller en conversation en l'ouvrant quand même un peu ? Excellente question ! Il y en a, mais elles ne sont pas sans risques.

Pourquoi faire simple, quand on peut faire alambiqué ? Accessible, quand on peut faire amphigourique ? Grâce à l'emploi de mots compliqués, vous vous offrirez une aura et une attention que vous n'aurez jamais en vous entêtant à utiliser lieux communs et mots usés jusqu'à la corde.

Avantage(s) : En employant des mots compliqués, vous obtiendrez très rapidement une image d'intellectuel.

Inconvénient(s) : La compréhension. Un grand nombre de personnes ne comprendra pas le sens de vos propos, mais n'osera pour autant pas vous en demander la signification.

Dans des situations où le besoin d'être compris est primordial, cette technique est à proscrire. En soirée, une coupe dans une main et un petit four dans l'autre, ce n'est pas indispensable, alors faites-vous plaisir, profitez de ce type d'occasion pour caler un max de mots incompréhensibles.

Sélection de mots compliqués pour briller en société :

L'idée n'étant pas de lister tous les mots complexes ou oubliés ni de piocher dans du jargon technique inutilisable dans la vie de tous les jours, j'ai essayé de vous faire une petite sélection de mots complexes qu'il vous sera possible de caler très facilement dans une discussion.

ABSTÈME : Qui ne boit pas d'alcool.
AGELASTE : Qui ne rit jamais, réfractaire à l'humour.
ALLICIANT : Séducteur.
AMPHIGOURIQUE : Confus, embrouillé, incompréhensible.
ARACHIBUTYROPHOBIE : Peur d'avoir du beurre de cacahuète collé sur le palais.
CACOCHYME : Donnant des signes extérieurs de mauvaise santé.
CALLIPYGE : Qui a de belles fesses, harmonieusement arrondies.
CÉPHALALGIE : Douleur de tête.
CHATTEMITE : Personne affectant un faux air de douceur pour tromper ou séduire.
DIAPHORÈSE : Transpiration abondante.
DYNAMOGÉNIE : Accroissement de la fonction d'un organe sous l'action d'une excitation.
ÉCHOLALIE : Tendance à répéter systématiquement les paroles de l'interlocuteur.
ECTOMORPHE : Individu svelte, élancé, peu musclé.
ENDOMORPHE : Individu trapu et arrondi. Grassouillet.
ENTÉLÉCHIE : État de parfait accomplissement de l'être.
ÉQUANIME : Dont l'humeur reste égale.
ERGOPHOBIE : Aversion morbide pour le travail.
EXHILARANT : Qui donne de l'hilarité. Propre à égayer.
EXOBIOPHILIE : Fantasme de faire l'amour avec des extraterrestres.
FÉBRICULE : Petite fièvre.
FORCLORE : Exclure, rejeter.
GALIMAFRÉE : Mets mal préparé, déplaisant.

GONADOPHOBIE : Crainte irraisonnée des organes sexuels.
GYMNOPHOBIE : Phobie de la nudité.
HAPPELOURDE : Pierre fausse qui a l'éclat et l'apparence d'une pierre précieuse.
HYPOCORISTIQUE : Exprime une intention affectueuse.
HYPOTYPOSE : Description animée, vive et frappante.
IMPEDIMENTA : Ce qui entrave le déplacement, l'activité.
IMPÉRITIE : Manque d'aptitude, d'habileté. Incompétence.
INCIPIT : Désigne les premiers mots d'un manuscrit.
ITHYPHALLIQUE : Relatif au pénis en érection, en particulier à sa représentation.
KAKEMPHATON : Jeu de mots involontaire.
MANDUCATION : Action de manger.
MÉSOMORPHE : Individu musclé.
NITESCENCE : Éclat, lueur.
ONYCHOPHAGIE : Habitude de se ronger les ongles.
PANDICULATION : Action souvent associée au bâillement, caractérisée par un étirement généralisé des muscles.
PÉTRICHOR : L'odeur particulière que prend la terre après la pluie.
POLLICITATION : Offre exprimée, mais non encore acceptée.
PROLÉGOMÈNES : Longue introduction présentant les notions nécessaires à la compréhension de l'ouvrage.
THÉBAÏDE : Lieu sauvage, isolé et paisible.
TRISKAÏDÉKAPHOBIE : Phobie du nombre treize.
VALÉTUDINAIRE : Dont la santé est chancelante. Maladif.
VERBIGÉRATION : Trouble du langage caractérisé par une abondance de paroles vides de sens.

Exemples d'utilisations de mots compliqués :

Ne dites plus : Je ne bois pas d'alcool.
Dites plutôt : Je suis abstème.

Ne dites plus : Elle est grave gaulée.
Dites plutôt : Elle a un effet dynamogénique sur moi.

Ne dites plus : Cet enfoiré m'a refilé un pauv' bijou en toc !
Dites plutôt : Ce pingre m'a offert une happelourde.

Ne dites plus : J'en ai marre de mon boulot de merde.
Dites plutôt : Je souffre d'une forme aiguë d'ergophobie.

Ne dites plus : Ce week-end, nous avons mangé à ******, c'était franchement pas terrible.
Dites plutôt : Pour une table de si grand renom, c'est choquant de les voir servir autant de galimafrées.

Avertissement n° 1 : Prenez soin de retenir, au moins dans les grandes lignes, le sens des mots utilisés. Ça vous évitera, dans l'hypothèse où vous tomberiez sur un grincheux querelleur ou sur un prétentieux avide de faire étalage de ses connaissances, de vous retrouver soumis à la question par un con n'ayant pour seul but de vous foutre dans l'embarras.

Avertissement n° 2 : Ne faites pas l'erreur classique du débutant qui s'emballe en voulant les caler tous dans la même discussion. Choisissez-en quelques-uns, soigneusement, et glissez-les à l'occasion, par-ci par-là, subtilement, par petites touches. N'en faites pas une utilisation abusive, grossière et contre-productive. Ça vous desservirait plus qu'autre chose.

LES ANECDOTES

L'un des avantages avec les anecdotes, c'est qu'une pas trop mauvaise mémoire, une élocution de qualité, un beau sourire et un sens de l'à-propos suffisent pour donner l'illusion d'être quelqu'un de brillant doté de connaissances encyclopédiques.

Important : Comme déjà dit au sujet des citations, faites en sorte d'apprendre régulièrement de nouvelles anecdotes histoire de ne pas vous retrouver à toujours sortir les mêmes. Il existe des tas de livres compilant des anecdotes amusantes, choquantes, étonnantes… il vous faudra donc relativement peu d'efforts et de temps pour parvenir à vous en constituer un stock suffisant pour briller en société.

Exemples d'anecdotes pour briller en société :

– Il pleut des diamants sur Saturne et Jupiter.

– Des scientifiques ont réussi à créer des cristaux de diamants avec du beurre de cacahuète.

– Le signal SOS n'a aucune signification.

– Les hippopotames font du lait rose.

– Barbecue vient, *via* l'hispano-américain *barbacoa*, d'un mot arawak désignant une claie en bois servant à rôtir ou fumer la viande.

– Les chèvres ont des pupilles rectangulaires et horizontales.

– Selon une étude scientifique, les lapins pourraient sentir leurs proches décédés dans les excréments des prédateurs.

– Des scientifiques ont trouvé la preuve qu'il y avait des restaurants « à emporter » dans les restes de Pompéi.

– Plusieurs millions de chiens et de chats sont mangés chaque année.

– Jusqu'en 1956, l'alcool était autorisé dans les cantines scolaires françaises et les enfants avaient droit à un demi-litre de vin, de cidre ou de bière.

– En Chine, le droit à la sieste est inscrit dans la Constitution.

– Le mot « poubelle » vient d'Eugène Poubelle – préfet de la Seine à la fin du XIXe –, qui obligea les propriétaires à mettre à disposition des locataires des récipients communs et organisa la collecte des déchets.

– Le premier papier toilette industriel fut breveté en 1857. Avant cela, en fonction des époques et des contrées, on a pu utiliser une éponge fixée à un bâton, des tessons de poterie, des pierres, de la laine, des feuilles, de l'eau et les mains…

– Selon le calendrier cosmique de Carl Sagan, si l'histoire de l'Univers était compressée en une année, l'Homo sapiens arriverait seulement le 31 décembre, autour de 23 h 56 !

– Un pangramme est une phrase comportant toutes les lettres de l'alphabet. « Portez ce vieux whisky au juge blond qui fume » est probablement le plus connu. Mais il en existe d'autres tout aussi délicieux : « Voyez ce koala fou qui mange des journaux et des photos dans un bungalow » ou : « Voix ambiguë d'un cœur qui, au zéphyr, préfère les jattes de kiwis ».

Astuce n° 1 : Ne vous contentez pas d'apprendre et de balancer bêtement vos anecdotes. Renseignez-vous sur le sujet, faites en sorte de connaître le contexte – au moins dans les grandes lignes – afin de pouvoir développer un peu si jamais on venait à vous interroger pour en savoir davantage. Affirmer que les hippopotames font du lait rose, c'est stylé… Être en mesure de répondre au pourquoi, ça l'est encore plus.

Astuce n° 2 : Faites coïncider votre anecdote à la situation. Ne les balancez pas juste pour les balancer. Agir ainsi vous desservirait plus qu'autre chose.

Astuce n° 3 : Choisissez toujours des sujets en mesure de fédérer. Ne cherchez pas à cliver. Si vous sortez des anecdotes sur des thèmes polémiques, vous allez vite voir le ton de la discussion se durcir, des tensions naître et l'ambiance se détériorer. Ne faites pas cette erreur.

Assurez-vous un maximum de succès en misant sur des petites histoires plaisantes et surprenantes. Faites rire. Faites frissonner. Étonnez et divertissez vos convives.

Astuce n° 4 : Agrémentez-les de quelques mots crus ou de propos piquants pour choquer ou faire réagir.

Utilisez cette astuce pour épicer vos récits, mais prenez garde à ne pas les saboter en les surchargeant de provocation. Quelques grivoiseries, au milieu d'une histoire captivante, sont généralement tolérées. Certaines personnes pousseront des cris d'effroi et de contestation à leur entente, mais nul ne vous en tiendra rigueur. Cela fera partie de votre charme.

Attention toutefois à ne pas vous laisser emporter par votre enthousiasme, et à ne pas dépasser les limites qu'impose la bienséance. En fonction de votre public et du moment de la soirée, ajustez le type d'anecdotes. Faites en sorte de réserver les graveleuses et les politiquement incorrectes à un horaire, et à un taux d'alcoolémie, les rendant plus acceptables.

Astuce n° 5 : Donnez davantage de poids à vos anecdotes en les personnalisant. En devenant le personnage principal et le héros de vos anecdotes, vous en démultiplierez l'effet.

LES ANECDOTES À ÉVITER POUR BRILLER EN SOCIÉTÉ

Bien que simple en apparence, cette discipline regorge de traquenards et de thématiques à éviter lorsque l'on débute.

Encore plus lorsque l'on décide de se mettre en scène et de devenir le personnage principal de ses anecdotes. Si les gains peuvent être démultipliés, les risques augmentent d'autant. Dans le feu de l'action, emporté par l'ivresse du moment, il n'est pas rare de se laisser griser par le tourbillon festif dans lequel on est plongé et de dire des choses que l'on regrette ou que les autres nous feront regretter par la suite.

Afin de vous prémunir contre ce genre d'accident, voici les différents types d'anecdotes personnelles à bannir. Même bien amenées, elles ne peuvent vous attirer que des emmerdes.

ANECDOTES À ÉVITER N° 1 : CELLES QUE L'ON REGRETTE IMMÉDIATEMENT

Aussi connues sous le nom de Merde ! j'aurais mieux fait de me taire ou, dans certains milieux interlopes, Mais quel con je suis ! Qu'est-ce qui m'a pris de raconter un truc pareil ?

Si relater la fois où vous avez pissé dans le pastis d'une connaissance pour vous venger d'une mauvaise blague qu'il vous avait faite plus tôt ou pourquoi vous avez décidé de ne plus vous laver qu'une fois tous les six mois afin de sauver la planète sont certes des anecdotes en mesure de captiver n'importe quel public et de faire de vous le centre de l'attention, cela aura aussi pour effet secondaire indésirable de laisser une image trouble de votre personne.

Avantage(s) : Vous allez immanquablement être le centre de l'attention.

Inconvénient(s) : Vous allez probablement voir votre prénom être remplacé par des surnoms du type Puducul, sieur Pissou ou dame Cracra. Chaque fois que vous vous pointerez quelque part suite à cette révélation, vous n'aurez plus la chance d'être appelé par votre prénom, et aurez uniquement droit à un surnom moqueur du genre : Hé, salut Schlingue ! suivi d'une multitude de bruits bizarres et de rires gras.

Il se peut même que votre prénom soit à tout jamais rayé des tablettes au profit d'un déplorable surnom.

Exemple d'anecdote que vous pourriez regretter :

« M'en est arrivé une un peu dans le genre, y a quelques années, durant un rendez-vous avec un gars que je cherchais à séduire depuis super longtemps. Le jour où l'on se retrouve enfin à dîner au restaurant, j'ai un mal de ventre de folie. Sur le coup, j'me dis que c'est sans doute dû au stress et je serre les dents. J'me dis que c'est rien, qu'ça va passer, même si j'ai mal comme jamais. J'ai tellement mal, le gars parle, et j'pige pas un mot. J'me contente de hocher la tête en ponctuant chacune de ses phrases par des ah oui, je vois, très bien, d'accord.

« Le manège dure comme ça tout le repas, et je souffre le martyre. Au moment où il se lève pour régler l'addition, je me dis que c'est sans doute l'occasion d'en profiter pour lâcher une petite caisse en douce histoire de détendre un peu les crampes abdominales qui me tiraillent depuis des plombes.

« Attendez ! Rigolez pas ! C'est pas drôle ! C'est là que le drame est arrivé ! Le drame, que dis-je ? La catastrophe ! En l'espace de deux secondes, ce qui n'aurait dû être qu'une petite flatulence de rien du tout parfaitement inoffensive s'est transformé en un pet digne d'un décollage d'avion de chasse.

« Les murs ont tremblé tellement j'ai pété fort ! J'ai fait un prout si bruyant que tout le restaurant s'est tu ! J'ai fait un putain de prout en public ! J'ai PROUTÉ !

« Attendez, rigolez pas, idiotes, c'est pas fini ! Après mon prout, le temps s'est comme arrêté ! Je me suis retrouvée dans une sorte de faille spatio-temporelle. Les secondes duraient des minutes, les minutes des heures ! Tout le monde a lâché son verre, sa fourchette ou son couteau pour regarder dans ma direction et essayer de comprendre ce qui venait de se passer.

« Les clients, les serveurs, mon futur ex-homme de ma vie, tout le monde me dévisageait ! Pendant que moi, honteuse, en détresse, je sentais un petit filet de merde tiède dégouliner de mon string ! Ce putain de prout ne s'est pas contenté d'être interminable et bruyant, il a fallu qu'il devienne foireux !

« Un pet foireux en plein rendez-vous amoureux, j'sais pas si vous imaginez ? La honte de ma vie ! J'ai eu envie de mourir ! Littéralement ! J'étais à deux doigts de prendre le couteau à pain pour me trancher la jugulaire !

« Mais non, j'ai rien eu le temps de faire ! Ça s'est passé en une fraction de seconde. Un véritable cauchemar ! En l'espace d'un aller-retour au comptoir, je suis passée, dans les yeux de l'homme de mes rêves, de meuf trop stylée potentiellement bonne à marier… indéniablement bonne à ramener à la maison pour lui faire mordre le polochon… à sale pouilleuse dégueulasse qui venait de se chier dessus en public, même plus bonne à baiser à la va-vite sur la banquette arrière de sa caisse.

« Le mec n'est même pas revenu à la table ! Cet enfoiré m'a regardée depuis le comptoir, quelque part entre le dégoût et la terreur, et il s'est barré. L'enfoiré m'a laissée en plan ! Seule, comme une conne, avec tous les regards braqués sur moi et de la merde plein le cul. La honte de ma vie ! »

Raisons pour lesquelles ce type d'anecdotes est à éviter :

Ça, par exemple, c'est clairement interdit. Quelque part, vaut mieux fermer sa gueule à tout jamais que raconter un truc pareil. Enfin, si vous souhaitez briller en société.

Si vous avez vécu une expérience traumatisante et que vous ressentez un terrible besoin de vider votre sac, faites-le avec un toubib spécialisé dans le ciboulot, et personne d'autre. En tout cas, personne n'étant pas soumis au secret professionnel.

Non ! Personne ! Aucun de vos amis, hommes ou femmes, ne doit le savoir. Oui, ils vont jurer de ne jamais rien dire. Oui, ils vont vous assurer que votre secret est entre de bonnes mains. Mais non, ils ne vont jamais s'y tenir – vous ne l'avez pas fait vous-même ! –, et forcément, il y en aura un qui finira par le répéter à quelqu'un, qui lui-même le répétera à un autre, puis encore un autre, et encore un autre. Et, en moins de temps qu'il ne faut pour le dire, votre secret aura fait le tour de la ville et vos nom et prénom auront fini par disparaître au profit de madame Prout ou de monsieur Pet foireux.

Effets de ce type d'anecdotes sur le long terme :

– Tu ne devineras jamais qui j'ai croisé l'autre jour ?
– Qui ça ?
– Monique.
– … Qui ça ?
– Monique !
– Non, j'vois pas.
– Mais si… tu sais… celle qui s'était chiée dessus.

Centre de l'attention : 2 minutes.
Dame Fécale ou sieur Grospétou : Toute votre vie.

INTERRUPTION - FICHE LECTURE - INTERRUPTION

Si jamais vous avez lu ce livre uniquement pour apprendre à parler des livres que vous n'avez pas lus, et décidiez d'utiliser mes techniques pour parler de ce livre sans avoir lu autre chose que le passage en question, il est parfaitement normal que l'on se retrouve ici. Contrairement à ce que pourraient laisser penser les apparences, je suis plutôt un mec sympa dans la vraie vie, je ne vais donc pas vous abandonner sans rien à vous foutre sous la dent pour briller lors de votre prochaine soirée ni vous contraindre à lire l'intégralité de ce bouquin si vous n'en avez pas le goût. En conséquence, j'ai décidé de vous pondre un petit truc pour vous venir en aide.

Citation : « L'excès d'individualisme dont souffre notre société étouffe la grandeur de l'être humain sous le poids de la superficialité. »

Avertissement : Cette citation n'est nulle part ailleurs dans le livre, mais vu que ça sonne bien, ça vous permettra de briller tout en donnant une bonne image du contenu. Après, vous pouvez aussi choisir un vrai passage du bouquin, tel que : « Et, en moins de temps qu'il ne faut pour le dire, votre secret aura fait le tour de la ville et vos nom et prénom auront fini par disparaître au profit de madame Prout ou de monsieur Pet foireux. » Mais bon, pas sûr que ça vous permette autant de briller. Quitte à dire n'importe quoi, autant dire un truc qui soit valorisant pour vous comme pour moi.

Ouvrage précédent : Devenir célèbre rapidement.

Anecdote sur l'œuvre : L'idée de *L'art de l'esbroufe* m'est venue au même moment que celle de *Devenir célèbre rapidement*. Les deux ouvrages ont été écrits en parallèle.

Anecdote sur l'auteur : J'ai sauté la dernière classe de maternelle et j'ai longtemps eu un an d'avance.

Ouais, je sais, c'est pas ouf comme anecdote, mais c'est tout ce qui me vient là, immédiatement, de vrai et de valorisant, histoire de vous permettre de briller tout en me faisant briller.

Blabla qui passe bien : « Une délicieuse satire, mordante et acide, dévoilant dans un rire sauvage nos plus inavouables travers » ou : « Quand je repense aux doux moments passés à lire ce livre, j'en ai la chair de poule et les larmes aux yeux. »

Si ces blablas me semblent très bien, il y aura sans doute des situations où il sera de bon ton d'énoncer un blabla moins objectif et pertinent que ceux-ci. Et si un : « Ouais j'l'ai lu, c'est trop d'la merde ! » ou un : « C'est le pire livre que j'ai lu de ma vie ! Absolument honteux ! » pourraient faire l'affaire, permettez-moi de vous suggérer : « Une œuvre désinvolte et ambiguë, alternant provocation, cynisme, éloge du mensonge et humour noir. » Après, à vous de voir en fonction de votre public, de l'image que vous souhaitez renvoyer et de ce que vous pensez être en mesure de vous faire briller le plus.

BONUS : Prenez-vous en photo avec l'ouvrage et postez-la sur les réseaux sociaux en taguant la maison d'édition et/ou en utilisant les hashtags #délicieuseSatire ou #précieuseLecture.

Nous nous ferons un plaisir de la repartager.

Et voilà ! Avec ça, vous devriez avoir de quoi briller lors de votre prochain dîner. Attention toutefois au metagame ! Soyez conscient que ceux qui auront lu ce livre en entier, s'ils vous entendent sortir ces conneries, sauront que vous êtes en pleine esbroufe… ou que vous êtes un petit farceur et que vous vous amusez à balancer cette connerie, en sachant que c'en est une, histoire de voir si la personne en face de vous est en pleine esbroufe… Oui, je sais, ça commence à devenir complexe… mais qui a dit que l'art de l'esbroufe était facile à maîtriser ?

INTERRUPTION - FICHE LECTURE - INTERRUPTION

LES ANECDOTES À ÉVITER N° 2 : CELLES TROP SEXUELLES

Aussi connues sous le nom de Le gros dégueulasse ou, dans certains milieux interlopes, Pourquoi le monsieur tout moche il est tout nu sous son manteau et fait des choses bizarres avec la petite limace fripée qui pendouille entre ses jambes ?

Être branché cul, connaître un tas de pratiques originales, fréquenter des lieux coquins… sont des activités en mesure de vous permettre de devenir détenteur d'un max d'anecdotes.

Malgré tout, prenez garde. Une ou deux, en fin de soirée, quand tout le monde a déjà plusieurs verres dans le nez, histoire de pimenter la discussion et de faire monter la température de quelques degrés, pourquoi pas. Mais pas plus.

Avantage(s) : Le cul, ça attire toujours l'attention.

Inconvénient(s) : Trop de cul, ça finit par écœurer, et il sera alors facile à vos détracteurs d'utiliser la morale pour vous ostraciser et vous faire passer pour un pervers.

Exemple d'anecdote que vous pourriez regretter :

« Vous saviez que plusieurs espèces de primates étaient portées sur l'auto-érotisme et ne rechignaient pas à pratiquer l'autofellation ? Si, si, j'vous assure. Chimpanzés, bonobos, singes verts… tous peuvent se sucer la teub ! C'est fou, non ?

« J'peux pas m'empêcher de me dire que c'est quand même con de descendre du singe et d'avoir perdu cette faculté à pouvoir se suçoter la tige dans le processus de l'évolution.

« J'sais pas pour vous, mais si je pouvais me téter le zboub, j'me pomperais le dard non-stop. On voit pas d'inconvénients à se branler, pourquoi y en aurait à se sucer ? Non ? Si on prend l'exemple de la masturbation, c'est pas parce que j'me tire sur la nouille que j'ai des velléités à vouloir caresser celle d'autres gars. J'me branle régulièrement, j'le reconnais… Bon ben, voilà, ça signifie rien de spécial. C'est pas le signe d'une attirance pour les zguègues. C'est deux trucs bien séparés !

« Attention ! Me faites pas dire ce que je n'ai pas dit non plus, j'ai rien contre ceux qui le font et en retirent du plaisir. C'que j'veux dire… c'que j'essaie de dire… c'est qu'on peut très bien se branler souvent, être intrigué par la possibilité de s'autosucer, et être exclusivement attiré par les femmes.

« Par exemple, il m'arrive de laisser ma copine me goder le cul de temps à autre… mais voilà, sous forme de jeu… dans le feu de l'action, sans y penser ou le préméditer, histoire de casser la routine… Pour autant, j'irais pas faire ça avec un bonhomme. Vous voyez la différence ? Ça vous arrive jamais à vous ? Non ? Aucun de vous ne laisse sa copine lui caler un ou deux doigts dans le cul de temps en temps ? Ah bon ? Non, j'sais pas… c'est bizarre. Nous, ça va quand même faire quinze ans qu'on est ensemble. On peut pas faire éternellement les mêmes trucs. Faut se renouveler, tester, se surprendre ! Non ?

« Enfin bref… j'sais même plus pourquoi j'vous parle de tout ça. Ah ouais, les singes et l'autofellation. C'est fou quand même, non, ce que l'on a perdu au cours de l'évolution ? Qu'est-ce qu'il y a ? Pourquoi vous me regardez comme ça, les gars ? J'en ai trop dit ? J'ai trop parlé, c'est ça ? Ouais ? Bon… et sinon, qui veut boire quelque chose ? J'paie ma tournée ! »

Raisons pour lesquelles ce type d'anecdotes est à éviter :

Certes, ce genre de récit démontre des connaissances assez poussées sur le monde animal, un goût pour l'exploration et un esprit libéré du carcan des conventions… mais soyez bien conscient que de trop nombreuses connaissances sur certaines pratiques ne vous feront bien voir que dans des réunions avec des gens tout nus ou portant des combinaisons en latex laissant apparaître leurs organes génitaux, et dont le hobby favori est d'être attachés en forme d'étoile à un mètre du sol afin d'être besognés par une interminable file d'inconnus.

Effets de ce type d'anecdotes sur le long terme :

– Tu ne devineras jamais qui j'ai croisé l'autre jour ?
– Qui ça ?
– Benoît.
– … Qui ça ?
– Benoît !
– Non, j'vois pas.
– Mais si… tu sais… celui qui se revendiquait hétéro pur et dur alors qu'il rêvait de se suçoter le gland depuis qu'il avait maté un reportage qui disait que les singes en étaient capables, et passait son temps libre à se faire goder le cul par sa copine.

Centre de l'attention : 2 minutes.
Sieur Je regrette de pas pouvoir me sucer : Toute votre vie.

LES ANECDOTES À ÉVITER N° 3 : CELLES HISTORIQUEMENT AMBIGUËS

Aussi connues sous le nom de Fascination malsaine ou, dans certains milieux interlopes, Dit comme ça, ça sonne bizarre, mais en fait, ce n'est pas du tout ce que vous croyez.

Vouer une admiration excessive à d'ignobles personnages historiques tels que Attila, Vlad l'Empaleur, Caligula, Pol Pot, Jack l'Éventreur, j'en passe et j'en oublie, n'est sans doute pas la meilleure façon de briller en société.

Monsieur et madame Tout-le-monde ont une aversion machinale pour ce genre de personnages. Ils ne chercheront pas à comprendre votre ambition de saisir la complexité de ces personnalités et les diverses subtilités de leurs parcours. Ils s'arrêteront à leurs morbides faits d'armes et terribles actes.

Instinctivement, se sachant victimes potentielles de tels prédateurs, ils ne peuvent s'empêcher d'éprouver méfiance et répugnance envers les personnes qui affichent ouvertement leur passion pour eux.

Avantage(s) : Pas beaucoup, sauf si vous aspirez à une brillante carrière dans des marges sombres et secrètes.

Inconvénient(s) : Multiples. Le bannissement social étant bien souvent la première sanction liée à ce type de dérapage et de fascination malsaine trop ouvertement affichée.

Exemple d'anecdote que vous pourriez regretter :

« Vous saviez que, durant sa jeunesse, Hitler, en plus de faire de très jolies aquarelles, faisait aussi des petites cartes postales qu'il vendait dans les bistrots afin de se payer de quoi manger ? Effectivement, c'est chose peu connue.

« Après m'être renseigné sur le Net, j'ai découvert que l'on pouvait en acheter des petites reproductions sur des sites de vente en ligne, et je n'ai pas pu résister à la tentation de m'en procurer quelques exemplaires. N'ayant pas les moyens de me payer une toile originale, je me suis dit que c'était une façon de m'offrir un petit plaisir sans me ruiner.

« Eh bien ! figurez-vous que c'est devenu une véritable passion et depuis je les collectionne. J'en possède des dizaines. J'en achète, j'en revends, je les échange… Je suis inscrit sur des tas de forums dédiés à Hitler dans le but de partager ma passion et de tenter d'obtenir de nouvelles cartes postales.

« Bon, j'vais pas vous mentir, nous sommes assez peu dans la section « Peinture » de ces forums. En général, et à mon grand regret, ce n'est pas la thématique la plus populaire… Bref, juste pour dire, cette année, j'ai eu envie de partager ma passion. Alors, pour le Nouvel An, j'ai décidé d'envoyer des reproductions sur du papier de qualité à tous mes amis afin de leur souhaiter mes vœux. Et, aussi étonnant que cela puisse paraître, je n'ai jamais eu autant de succès avec mes cartes de vœux annuelles. C'est quand même cocasse, non ?

« Tout le monde m'a félicité pour le choix de mes cartes. Certains m'ont même demandé d'où elles venaient pour en commander à leur tour. Si j'avais pu imaginer avoir autant de succès avec, je n'aurais pas attendu si longtemps pour me jeter à l'eau. Ce n'est quand même pas tous les jours que l'on peut rencontrer un franc succès auprès d'une large audience à partir de quelque chose ayant trait de près ou de loin à Hitler.

« D'ailleurs, tant que j'y pense, quelle est votre adresse pour que je puisse vous ajouter à ma liste d'envoi et vous en offrir une l'année prochaine ? »

Raisons pour lesquelles ce type d'anecdotes est à éviter :

Un grand nombre de connaissances sur des personnages hideux aux actes abjects ne vous fera voir sous un bon jour que dans des réunions avec des gens encapuchonnés sous de larges toiles de tissu et dont le hobby préféré est la chasse à l'homme aux origines différentes des leurs, aux orientations différentes des leurs, aux croyances différentes des leurs, à la mise sur le bûcher des femmes infidèles et au dépeçage de tout ce qu'ils estiment dévier de la norme ou mettant en péril la pureté de ce qu'ils estiment être « leur standard ».

Rien qui vous permettra de briller en société.

Clairement, les centres d'intérêt de ce type, même avec les membres de votre famille et vos proches amis, abstenez-vous de les partager, vous ne vous en porterez que mieux.

Si possible, œuvrez à vous en détacher.

Effets de ce type d'anecdotes sur le long terme :

– Tu ne devineras jamais qui j'ai croisé l'autre jour ?

– Qui ça ?

– Éric.

– … Qui ça ?

– Éric !

– Non, j'vois pas.

– Mais si… tu sais… celui qui était nostalgique du IIIe Reich, complètement obsédé par Hitler, et qui prenait un malin plaisir à envoyer des cartes de Noël peintes par le Führer, cette sous-merde de l'humanité.

Centre de l'attention : 2 minutes.
Dame Braun ou sieur Horst-Wessel-Lied : Toute votre vie.

LES ANECDOTES À ÉVITER N° 4 : CELLES DU TYPE RAGOT

Aussi connues sous le nom de Langue de vipère ou, dans certains milieux interlopes, Hideux crapaud qui ne peut pas s'empêcher de souiller les blanches colombes.

Si proférer des saloperies facilite les bons mots et vous offrira une certaine attention, cela finira immanquablement par se retourner contre vous. Bien souvent, la médisance n'est que l'expression d'une profonde jalousie.

Tourner en boucle sur les défauts, lacunes et erreurs des uns et des autres ne fera que rabaisser des tiers sans pour autant vous permettre de vous élever. Soyez bon joueur, ne sombrez pas dans le piège du fiel et de la jalousie, vous n'en retireriez qu'une satisfaction passagère souvent suivie d'effets secondaires dévastateurs.

Avantage(s) : La profusion de bons mots à faire aux dépens des uns et des autres.

Inconvénient(s) : Une liste d'ennemis qui grandira aussi facilement que vous vous laisserez aller à dire toutes les saloperies qui vous passeront par la tête sans vous soucier des conséquences. Qui sème le vent récolte la tempête.

Exemple d'anecdote que vous pourriez regretter :

« Vous saviez que Stéphanie avait pour passe-temps favori de faire le tour des toilettes publiques des quartiers malfamés et d'y avaler les membres d'inconnus glissés dans des fentes creusées à cet effet ? Je vous jure que c'est vrai ! On dirait pas comme ça, avec ses airs de sainte-nitouche, toujours à faire la morale, mais en réalité, plus salope qu'elle tu meurs !

« Y a pas une pissotière de la ville où elle n'est pas connue comme le loup blanc. Les gars font la file des heures à l'avance pour s'y faire gober le membre. Y a des sites à sa gloire louant son impressionnante faculté à engloutir des teubs sans relâche.

« Et dire que dimanche dernier elle était encore en train de chanter à la chorale de l'église, j'arrive pas à m'en remettre. Au moment de la voir manger le corps du Christ, j'ai pas pu m'empêcher de me dire que le curé se fatiguait pour rien à lui refiler une hostie. La seule partie du Seigneur qui pourraient éventuellement l'intéresser d'ingérer, cette traînée, c'est sa grosse saucisse turgescente, pas une hostie fade et sans goût ! »

Raisons pour lesquelles ce type d'anecdotes est à éviter :

Si ragots et médisances ont tendance à être très répandus et font le succès de certains dans les salons mondains, je ne saurais trop vous recommander de vous en abstenir.

Dans le feu de l'action, vous ne manquerez pas de vous laisser embarquer par votre enthousiasme et de divulguer des choses sur des gens qui se feront un devoir de vous nuire une fois que cela sera revenu jusqu'à eux. Les persiflages, s'ils peuvent avoir un effet jouissif et libérateur à court terme, sont souvent des nids à emmerdes sans fin à moyen et long terme. Propagés, déformés, exagérés, répétés, divulgués, ils finissent toujours par arriver aux oreilles des personnes visées et vous reviennent en pleine gueule avec la force démultipliée de la haine et du ressentiment.

Quand bien même vous seriez en petit comité, quand bien même ce serait la vérité, quand bien même tout le monde le saurait, quand bien même ça vous brûlerait les lèvres, abstenez-vous ! Les ragots vous offriront l'illusion éphémère de l'éclat et du succès avant de se retourner contre vous et de vous détruire. N'y prenez jamais part. Écoutez-les quand on vous les colporte, notez-les toujours, utilisez-les de temps à autre pour parvenir à vos fins, mais ne soyez pas l'idiot qui les répand et aura à en subir les conséquences.

Effets de ce type d'anecdotes sur le long terme :

– Tu ne devineras jamais qui j'ai croisé l'autre jour ?
– Qui ça ?
– Bénédicte.
– … Qui ça ?
– Bénédicte !

– Non, j'vois pas.

– Mais si… tu sais… celle qui passait son temps à dire des saloperies sur tout le monde, qui une fois était allée jusqu'à inventer une histoire de pissotière, de membres engloutis et de gobage à l'aveugle à la pauvre Stéphanie, alors qu'on avait fini par apprendre que c'était d'elle dont il était question.

Centre de l'attention : 2 minutes.
Dame Fiel ou sieur Langue de pute : Toute votre vie.

LES ANECDOTES À ÉVITER N° 5 : CELLES DU TYPE AUTOCENTRÉ

Aussi connues sous le nom de Moi, Ma vie, Mon œuvre ou, dans certains milieux interlopes, Dis-moi, ton pote, c'est pas un peu un mytho ?

S'il est parfaitement compréhensible d'apprécier raconter ses exploits, réels ou fantasmés, il est aussi de notoriété publique que ça saoule grandement ceux qui ont à écouter ce genre de fanfaronnade intempestive. Une ou deux anecdotes de ce type, ça peut passer. Mais une soirée entière sur le thème moi, ma vie, mon œuvre, ma splendeur, ma personne, ma réussite, ma carrière, mon pèze… ça peut lasser le plus patient des auditoires et vous valoir un bannissement social définitif.

Avantage(s) : On n'est jamais mieux servi que par soi-même. Si personne ne chante vos louanges, cela peut être un excellent moyen de mettre en marche une douce ritournelle en votre honneur. À force de la chantonner à toute heure de la journée, il n'est pas impossible que certains finissent par la fredonner sans même le réaliser.

Inconvénient(s) : L'aspect désespéré de la démarche. Si vous avez véritablement accompli de grands exploits, d'autres sont censés les chanter. Au pire, si personne ne se dévoue pour le faire spontanément, engagez quelqu'un à cet effet.

Exemple d'anecdote que vous pourriez regretter :

« C'est marrant, ça me fait penser à la fois où j'ai rencontré cette fille au corps de déesse à qui j'ai fait l'amour douze fois dans la même nuit. Tu sais qu'elle m'a quand même affirmé avoir joui quatre-vingt-dix-sept fois au cours de cette nuit, soit quelque chose comme huit orgasmes par coït ! Si, j'te jure ! Et pourtant, c'était pas un soir où j'étais spécialement en forme. J'te laisse imaginer ce que ça donne quand j'suis au top.

« Mais le plus fou, c'est que le lendemain matin alors que je rentrais humblement chez moi, des courbatures de partout et le zboub endolori suite aux exploits de la veille, je me suis retrouvé à sauver la vie des résidents d'une maison de retraite d'un incendie. Si, j'te jure ! J'ai sauvé cent-deux personnes des flammes et d'une mort quasi certaine ! Quand les pompiers sont arrivés, ils ont été choqués par ce que j'avais accompli seul et au péril de ma vie. Ils sont allés jusqu'à me faire une haie d'honneur. Ils m'ont applaudi pendant plusieurs minutes. Si, j'te jure ! J'étais gêné. Y en a même qui m'ont demandé des photos et des autographes. Un truc de dingue !

« C'est d'ailleurs suite à ça que j'ai rencontré le président de la République. Avec qui je suis resté ami depuis… Si, j'te jure ! Ben, en général, il m'appelle une à deux fois par semaine. Pour discuter… de tout, de rien… Il aime avoir mon ressenti sur l'humeur du pays, sur les réformes qu'il envisage de faire, sur ce que je ferais à sa place… ce genre de choses.

« Pour tout te dire, il a longtemps insisté pour me remettre la Légion d'honneur. Si, j'te jure ! Non, j'ai préféré refuser.

Déjà parce que je pense que ça aurait pu être vu par certains comme un abus de notre amitié. Et ensuite, même si je peux comprendre que les gens soient impressionnés par ce que j'ai fait, par mon courage, par mon abnégation, par ma ténacité, pour moi, c'est normal. Je n'ai fait que mon devoir.

« De la même façon, quand j'ai sauvé le fils du président en lui faisant don de moelle osseuse, ça m'a paru normal. C'est pas des trucs que je vais gueuler sur les toits ou utiliser pour me faire mousser. Tu vois c'que j'veux dire ? Ça me viendrait même pas à l'idée tellement pour moi, c'est normal. Mais bon, il semblerait que certaines personnes trouvent ça absolument exceptionnel. Il se murmure même qu'un célèbre réalisateur américain songe à adapter ma vie au cinéma. Si, j'te jure ! »

Raisons pour lesquelles ce type d'anecdotes est à éviter :

Alors, oui, vous avez sans doute tué un crocodile à mains nues, démantelé un réseau de narcotrafiquants à vous tout seul, gagné plus d'argent que n'en pourrait rêver la plupart des gens, sauvé une vieille dame d'un accident, déjoué une cyberattaque contre le Pentagone, contribué à la création d'un vaccin, offert un rein à un enfant défavorisé, cédé une couille à un malheureux qui venait de perdre les siennes…

Un peu d'autopromo de temps à autre, pourquoi pas, ça peut passer. Quand c'est non-stop, vous devez réaliser que ça ne met pas des étoiles dans les yeux de vos interlocuteurs. Au contraire. Soit ça les fait se sentir minables et ça les pousse à vous fuir, soit ça les agace terriblement et ça les remplit d'une furieuse envie d'entamer une minutieuse enquête de moralité vous concernant, histoire de voir dans quelle mesure toutes les prétentieuses conneries que vous racontez à longueur de journée sont vraies ou pas.

Effets de ce type d'anecdotes sur le long terme :

– Tu ne devineras jamais qui j'ai croisé l'autre jour ?
– Qui ça ?
– Antoine.
– … Qui ça ?
– Antoine !
– Non, j'vois pas.
– Mais si… tu sais… celui qui passait son temps à causer que de sa gueule. Moi ceci, moi cela. Moi, moi, encore moi, toujours moi. Quel con, j'te jure. Eh ben ! figure-toi qu'il n'a pas changé. On a dû parler une demi-heure, et si j'ai pu placer deux phrases, c'est le bout du monde. Les seuls moments où j'ai eu l'occasion d'en caser une, ça a été pour lui dire bonjour et au revoir. Ah, et aussi pour m'émerveiller de sa réussite !

Centre de l'attention : 2 minutes.
Dame Mon beau miroir ou sieur Moi Je : Toute votre vie.

L'art de la conversation – Conclusion

Sans conteste, l'art de la conversation est un sujet vaste et complexe qui pourrait à lui seul faire l'objet d'un ouvrage.

Le but de ce livre n'étant pas de rentrer dans le détail de chaque discipline abordée, mais de vous permettre d'acquérir des techniques simples et efficaces afin de briller en société, voici quelques éléments à mémoriser en guise de conclusion.

– Ne racontez pas cent fois les mêmes anecdotes.
– Ne racontez pas vos histoires dans les moindres détails.
– Soyez original et percutant dans vos prises de parole.

– Mettez régulièrement à jour votre stock d'anecdotes.

– Restez sur des sujets légers et divertissants.

– Évitez tout ce qui a trait à des lamentations. Si beaucoup y trouvent une forme de réconfort ou aiment s'y complaire, rares sont ceux qui apprécient les écouter.

– N'abordez pas de sujets épineux.

– Ne cherchez pas à faire valoir convictions et croyances. Si possible, évitez même d'en parler.

– Fuyez les débats. Il n'en ressort jamais rien de bon.

– Ne racontez pas d'histoires personnelles embarrassantes.

– Évitez les récits à connotations sexuelles trop chargés.

– Fuyez les élucubrations historiques ambiguës.

– Évitez les railleries, moqueries et saillies mordantes faites aux dépens d'un interlocuteur. Quelques rires et un peu d'attention ne valent pas le début d'une haine tenace.

– Ne sombrez pas dans le travers de la médisance et ne parlez jamais en mal des absents. Si dès qu'une connaissance n'est pas présente, vous dites des horreurs sur son compte, soyez certain que ceux qui vous écoutent auront une petite idée du sort que vous leur réservez une fois le dos tourné.

– Ayez des chutes originales, marrantes ou surprenantes.

– Pensez toujours brillance et divertissement.

– Ne monopolisez pas la parole. Si la technique du silence vous semble inconcevable, faites tout de même l'effort de laisser vos vis-à-vis en placer une de temps à autre, sans quoi ils pourraient finir par se lasser de votre compagnie.

Et voilà ! Maintenant que nous avons abordé quelques-unes des multiples facettes de l'art de la conversation, il ne vous reste qu'à mettre en pratique. Nul doute que d'ici peu, vous rencontrerez d'éclatants succès mondains.

Les fausses bonnes idées

Maintenant que nous avons vu de nombreuses façons de briller en société, nous allons aborder quelques fausses bonnes idées que vous devez fuir absolument. Ces thématiques ne vous apporteront que malheur et désappointement.

Si je peux comprendre votre besoin d'accaparer l'attention, il y a néanmoins des techniques qui pourraient vous sembler brillantes et ingénieuses que vous ne devez utiliser sous aucun prétexte. Sous des apparences de raccourcis, ce ne sont en réalité que des voies sans issue. Invectives, bannissement social, escarmouches, services de réanimation ou cellules de garde à vue, sont tout ce qu'elles vous apporteront.

Tenez-vous-en le plus possible éloigné, surtout si vous vous y aventurez uniquement pour de mauvaises raisons.

LE CARITATIF

Quoi de mieux que de gueuler sur les toits que vous passez votre temps libre à distribuer des pâtes, du sucre, de la farine et du riz à des gens en difficulté pour faire de vous une personne respectable ? Quoi de mieux que de venir en aide aux démunis pour se voir récompenser d'une merveilleuse aura d'altruisme et de bonté ? Sincèrement, il n'y a pas beaucoup d'autres thématiques qui peuvent vous offrir autant, si rapidement, avec un si maigre apport.

Et, contrairement à certaines thématiques précédemment abordées, le caritatif ne vous expose pas à devoir faire face à vos limitations. Vu que tout ce que vous faites, c'est pour la bonne cause, c'est pour aider, c'est pour le bien, il va être difficile de vous taper dessus sans passer pour une hideuse raclure de bidet. Quand bien même vous feriez absolument n'importe quoi. Quand bien même vous feriez des choses contre-productives dont les effets positifs sur le long terme n'ont pas été prouvés. Quand bien même vous feriez que des trucs pathétiques d'un niveau à peine supérieurs à la revente de colliers de nouilles dignes d'élèves de maternelle.

Personne ne pourra vous attaquer ou vous dénigrer sans prendre le risque de passer pour une sombre merde, indigne et sans cœur. C'est la magie du caritatif, il vous place instantanément au-dessus de toute critique.

Avantage(s) : Un gain de popularité assuré. Vous pouvez gagner très gros, en échange de quelques sacs de farine.

Inconvénient(s) : Si l'on venait à découvrir que votre investissement est feint ou intéressé, le retour de flamme pourrait être violent et vous ne vous en remettriez pas.

Contrairement aux techniques précédemment abordées – potentiellement limites, très souvent mensongères, mais ne lésant réellement personne –, si votre subterfuge venait à être découvert, ça ne fera pas marrer les gens. Et quand je dis que ça ne les fera pas marrer, c'est un euphémisme, ça va les rendre barges. Ils vont vouloir vous fracasser la tronche.

Alors que concernant les piliers pour briller en société que sont la généalogie, la mode, la gastronomie, la culture, le sport, le paranormal ou l'art de la conversation, libre à chacun d'y croire ou pas, de mordre à l'hameçon ou non. Vous offrez un divertissement gratuit après tout. Bien sûr qu'il y a quelques trucs et astuces derrière tout ça. Bien sûr qu'il y a de la mise en scène. Bien sûr que tout n'est pas vrai. Mais c'est un spectacle. Les gens vous pardonneront du moment que vous saurez les divertir et leur ferez passer de bons moments.

Le caritatif, lui, joue sur des cordes sensibles, sur la détresse et l'espoir, sur des trucs sombres et douloureux. C'est donc particulièrement moche de mentir à ce sujet, surtout si vous le faites uniquement pour monopoliser l'attention, pas en vous souciant un minimum de la cause que vous utilisez.

Mon conseil : Évitez les complètes mystifications ! Si l'on s'apercevait que vous êtes une charogne prête à tout pour accaparer un brin d'attention, distribuant des croûtons de pain aux affamés dans le seul but d'être momentanément sous le feu des projecteurs, vous auriez du mal à vous en remettre.

Prenez part à cette thématique uniquement dans le cadre d'engagements non feints et vous tenant véritablement à cœur. Utiliser de façon cynique la souffrance et la misère pour se faire mousser n'est jamais une bonne manière de briller, c'est un truc de sous-merde de l'humanité.

LA POLITIQUE

La politique est à bannir pour toute personne saine d'esprit souhaitant briller en société. C'est un sujet qui peut vite devenir chiant, anxiogène comme pas possible et ultraclivant.

À part bâillements, agacements, crises d'angoisse, volonté de vous éviscérer, tentatives d'étranglement et violents coups de boule, vous ne parviendrez à rien de bien brillant. Ingratitude, insultes, menaces, courriers remplis de merde, intimidations, agressions… sont tout ce que vous récolterez.

La politique n'est bonne qu'à convaincre des convaincus et à agiter les agitateurs. Rien qui vous fera resplendir. Vouloir briller en donnant votre avis sur tel ou tel sujet brûlant au cœur de l'actualité ne fera qu'ouvrir un débat sanglant où chacun tentera de gueuler plus fort que son vis-à-vis dans le vain espoir que le con qui finisse par gueuler le plus fort soit celui qui finisse par avoir raison. Ce qui, dans le meilleur des cas, aura pour conclusion une haine viscérale dont personne ne se souviendra la raison initiale dans dix ans. Et, dans le pire des cas, de violents bourre-pifs, des chaises en pleine tronche, des nez cassés, des os fêlés et des plaintes déposées.

Si votre ambition réelle est de briller, tenez-vous-en le plus possible éloigné. Le nombre d'amitiés qui ont été brisées ou de familles qui se sont étripées suite à une banale conversation politique est incalculable. La politique a davantage de chances de vous amener à nourrir les vers prématurément que de vous propulser sous les feux de la rampe. À part peut-être la religion, il n'existe pas beaucoup d'autres thématiques qui ont rempli plus de cimetières depuis la nuit des temps.

Avantage(s) : La discipline a de la noblesse. La politique, ça donne de la profondeur. Ça vous élève un gueulard belliqueux assoiffé de violence au statut de gars qu'a des valeurs et défend des convictions, aussi sûrement qu'un ticket de loto gagnant vous change un pauvre gus en astre glorieux.

Inconvénient(s) : Nombreux. Incalculables.

Indéniablement, la politique peut éblouir un étudiant en filière Littéraire ou Sociologie, et vous permettre de caresser un joli minou facilement impressionnable ou de chevaucher une vigoureuse saucisse désireuse de changer le monde. Mais, la plupart du temps, elle ne fera que vous attirer les foudres de gens qui ne partagent pas vos opinions et en ont strictement rien à foutre de vos arguments, quand bien même ils seraient justes et valables, car ils ont déjà des opinions bien tranchées, et des solutions protégeant mieux leurs intérêts de classe que vos inepties protégeant mieux les vôtres que les leurs.

Mon avis : Si vous n'êtes pas sûr de votre coup et des gens à qui vous vous adressez, fuyez cette thématique.

Astuce : Il y a des débuts de phrases annonciateurs de calamités et de désolation. Dès que vous entendez l'un d'entre eux, prétextez une course de poney tôt le lendemain, prenez manteau, écharpe et couvre-chef, et barrez-vous fissa !

Débuts de phrases annonciateurs de malheur :

- La nouvelle mesure du gouvernement est…
- La finance mondiale est à l'origine de…
- L'insécurité est en grande partie due à…
- Le dérèglement climatique est…
- Le libéralisme est une idéologie qui…

– La société de consommation est…
– L'accroissement des inégalités ne peut que…
– L'augmentation de la population mondiale va…

Croyez-moi sur parole, aucune conversation débutant par l'une de ces phrases ne se terminera dans le calme et la bonne humeur. À part si vous êtes certain de parler à une foule acquise à votre cause, prête à applaudir la moindre connerie allant dans le sens de leurs convictions. Dans tous les autres cas, ça va se finir par des nez cassés et des mâchoires brisées.

Mon conseil : Dès qu'un gus aborde un sujet politique, prétextez une envie soudaine de chier et éclipsez-vous vite aux toilettes. Quand bien même vous n'auriez aucune envie de couler un bronze. Juste, barrez-vous ! Vite ! Immédiatement ! Éloignez-vous de cette poudrière au moins le temps que la situation se tasse, ou que les convives passent à un autre sujet.

Une fois en sécurité, slip aux chevilles et fesses sur le trône, laissez filer les minutes. Refaites-vous une beauté, regardez une vidéo de votre influenceur préféré, occupez-vous en faisant des mots fléchés, tuez le temps en vous épilant le maillot ou les poils du cul, caressez-vous les organes génitaux, n'importe quoi, ce que vous voulez, du moment que vous ne retournez pas dans la pièce tant qu'ils ne sont pas passés à autre chose. Si jamais quelqu'un s'inquiétant de votre absence prolongée venait vous chercher à même les toilettes pour vous ramener au cœur de la pétaudière, dites n'importe quoi, prétextez une constipation passagère, ce que vous voulez, mais refusez de remettre les pieds dans ce futur champ de bataille tant qu'ils ne se seront pas décidés à causer d'autre chose.

Attendez ainsi une trentaine de minutes. Une fois ce délai passé, soit ils auront changé de sujet de conversation, et vous pourrez tenter une manœuvre pour monopoliser à nouveau l'attention. Soit ils seront toujours en plein délire politique, et alors vous serez confronté à deux types de situations.

Situation n° 1 : L'ambiance est encore bonne.

Mon conseil : Si l'ambiance demeure festive et bon enfant, tout n'est pas perdu, il vous reste peut-être encore des chances de pouvoir accaparer l'attention des convives et de briller. Tentez de détourner subtilement la discussion vers un autre sujet, puis, une intervention après l'autre, ramenez doucement mais sûrement la conversion et les regards sur vous.

Situation n° 2 : L'ambiance est délétère. Le ton continue de monter, des noms d'oiseaux parsèment la conversation, les gestes sont de plus en plus brusques et menaçants… ce n'est plus qu'une question de minutes et de quelques verres d'alcool avant que la situation dérape et que le drame survienne.

Mon conseil : Ne restez pas dans les parages. Sauf si vous souhaitez voir votre jolie frimousse se faire saccager suite à la réception non sollicitée et non désirée d'une chaise en pleine tronche. Prétextez devoir vous lever tôt le lendemain et fuyez avant que le désastre se produise. La soirée est foutue, le drame inéluctable, vous n'avez plus aucune chance de briller. Retirez-vous rapidement, et laissez ces mabouls s'entretuer !

Malheureusement, partir n'est pas toujours chose facile. Certaines personnes essaieront de vous retenir, et, parfois, vous ne saurez pas quoi dire ou aurez peur d'être malpoli.

Pour vous venir en aide, je vous ai préparé une liste d'excuses imparables qui vous permettront de vous éclipser rapidement sans que personne puisse rien vous reprocher.

S'éclipser d'une soirée qui vire au débat politique :

– **Excuse ménagère :** Je viens de me rappeler que j'ai laissé des vêtements dans la machine à laver, si je ne rentre pas immédiatement pour les étendre, ils vont puer le rat mort et je suis bon pour la refaire.

– **Excuse familiale :** J'ai complètement oublié de dire à mes gosses où était leur goûter respectif pour demain. Pardon ? Pas très grave ?! Ça s'voit qu'vous les connaissez pas ! Pour un pain au chocolat, ils sont capables de s'foutre sur la gueule. Si, si ! On s'est déjà retrouvés aux urgences pour un rab de frites !

– **Excuse animal domestique :** Je viens d'avoir mon mari au téléphone, notre chien a avalé les clés de la maison. Du coup, mon homme est enfermé dehors, et notre chien, qui vire actuellement au bleu, semble avoir de graves difficultés à respirer. Je lui ai conseillé de lui percer la gorge avec ses clés de voiture et d'y mettre un tube de stylo à bille pour permettre à l'oxygène de passer en attendant mon arrivée… mais, pour une raison qui m'échappe, cet empoté refuse formellement de procéder à l'intervention. Je dois donc rentrer au plus vite pour sauver notre chien d'une mort certaine et éviter à mon conjoint de passer la soirée dehors. Encore merci pour votre accueil. Avec plaisir. On se tient au courant. On fait comme ça. On s'appelle. Voilà, merci. Vous aussi. Bises.

– **Excuse médicale :** Je me suis fait circoncire avant-hier… rien de religieux, rassurez-vous ! Non, je l'ai fait rapport à des douleurs quand je bande… J'ai un tel accroissement de la taille de mon gland lorsque je rentre en érection… on dirait un de ces gigantesques *Armillaria solidipes* ! Enfin bref, j'vais vous épargner les détails. Mais bon, disons qu'en plus d'être fatigué et d'avoir la teub douloureuse, je dois changer le pansement toutes les deux heures. L'heure de rentrer a sonné pour moi.

– **Excuse extraconjugale :** Je viens d'avoir ma voisine au téléphone, il semblerait que mon salaud de mari soit en train de baiser la nounou. Ça fait quand même la douzième ado qu'il pine, à même notre domicile. Rapport au divorce à venir, un flagrant délit serait… Là ?! Aux dernières nouvelles, ils finissaient une brouette thaïlandaise et attaquaient une levrette. Exactement, ça s'accélère ! On est d'accord, ça ne va pas durer encore deux heures. Vous comprendrez donc que je ne puisse m'attarder plus longtemps en votre charmante compagnie et que je doive vous quitter sur-le-champ.

– **Excuse formidable nouvelle :** Mon plan cul vient de m'envoyer un texto, je dois vous laisser. Ah non, rien à voir. Non, non, ce n'est pas pour me faire lustrer la tige que j'ai l'impolitesse de quitter cette délicieuse soirée bien avant la fin des festivités. Non ! Je ne me permettrais pas ! L'histoire est folle, mais tout porte à croire que je vais devenir papa ! Si, si, j'vous jure ! J'suis le premier surpris ! Y a cinq minutes, j'étais pas au courant. De c'que j'ai pigé, mon plan cul aurait fait un déni de grossesse. Truc de fou ! Là, elle vient de m'appeler car elle perd les eaux. Au moment où j'vous parle, elle doit sûrement être allongée quelque part sur le carrelage de sa cuisine à attendre que j'arrive pour l'emmener à l'hôpital. Merci ! Merci beaucoup ! C'est gentil à vous ! Avec plaisir. Ça marche ! On essaie d'aller se boire un verre pour continuer notre passionnante conversation politique au plus vite, avant la communion du petit ! Carrément ! J'en serais ravi ! Rien ne me ferait plus plaisir ! J'ai hâte ! De ouf ! Vivement !

– **Excuse décès :** Je viens de recevoir un message des urgences, mon perroquet a fait un AVC. Il est entre la vie et la mort et demande à me voir une dernière fois avant de peut-être nous quitter à tout jamais. Je suis donc au regret de devoir vous abandonner en plein milieu de cette formidable soirée.

– **Excuse question de vie ou de mort :** Il semblerait qu'un ours ait pénétré par effraction dans mon domicile. Mes enfants sont actuellement cachés dans le congélateur, je dois immédiatement rentrer pour leur venir en aide. Auriez-vous un fusil à me dépanner ? Une arbalète ? Un couteau de chasse, peut-être ? Non plus ? Mince, ça ne m'arrange pas des masses, tout ça ! Ça remonte quand même à loin, la dernière fois où j'ai dû tuer un ours à mains nues ! Mais bon, ai-je le choix ? On parle de mes gosses, putain ! Bon allez là, c'est pas tout, mais faut que j'y aille si je veux arriver avant qu'il ne soit trop tard ! J'ai un con d'ours à buter et ça va pas s'faire tout seul !

– **Excuse souci électroménager :** Notre fils unique vient d'appeler, il semblerait qu'il ait profité de cette soirée seul à la maison pour découvrir son corps. Son organe reproducteur est actuellement coincé dans le tuyau de l'aspirateur qu'il ne parvient pas à éteindre. Nous avons peut-être une chance de sauver son asticot d'un engloutissement définitif si nous évoluons promptement. Merci ! Ça nous touche énormément. Cette soirée était délicieuse, les sujets abordés passionnants, malheureusement nous ne pouvons rester plus longtemps sans risquer de voir la perpétuation de notre prestigieuse lignée sérieusement compromise. Oui, voilà, à très vite !

Exception : Vous excellez à la baston

Mon conseil : Dans ce cas, et UNIQUEMENT dans ce cas, vous pouvez rester dans l'attente du début des hostilités.

Quand bien même vous n'auriez pas la moindre conscience politique, aucun intérêt à défendre une cause ou une autre, aucun avis réel sur le sujet qui anime la bande de furieux prêts à en venir aux mains, pour ou contre, oui ou non… Étant donné qu'il ne va plus falloir longtemps avant que ça se transforme en foire d'empoigne, vous allez vous retrouver avec une formidable opportunité d'exhiber vos talents de castagneurs et vos mandales de forains capables de séparer une tête de sa colonne vertébrale avec seulement deux pas d'élan. Calez-vous dans un siège et attendez patiemment que la situation empire pour pouvoir entrer en scène et briller.

Astuce : Mettez un peu d'huile sur le feu.

Si jamais les palabres s'éternisaient, n'hésitez pas à sortir de votre réserve pour accélérer le mouvement. Vous n'êtes pas à l'abri de tomber sur des roquets aboyant fort et longtemps, mais mordant rarement… quand bien même ils auraient des convictions chevillées au corps et seraient prêts à mourir pour les défendre. Et j'ai la médaille du courage, moi, monsieur. Et moi, mon arrière-grand-père a versé son sang pour la patrie, mon p'tit bonhomme. Et moi, mon fils a fait sa journée de défense et citoyenneté. Et blablabla et blablabla… Vous voyez de quoi je veux parler ? Le genre d'inepties qui peut tourner à 115 décibels pendant des heures sans la moindre livraison de mandales. Ne laissez pas ces couilles molles querelleuses vous voler le combat à venir grâce à un verbiage sans fin. Si la situation prenait cette déplorable tournure, agissez. Balancez quelques scuds de temps à autre histoire de faire grimper encore un peu plus la température et d'inciter, voire de provoquer, le passage des paroles aux actes.

Que la distribution de bourre-pifs démarre enfin !

AVERTISSEMENT : Mettre un peu d'huile sur le feu, histoire d'accélérer votre entrée sur scène, pourquoi pas. Déclencher l'échauffourée, certainement pas !

L'idée, c'est de briller en vous bastonnant tout en ayant la possibilité de plaider la légitime défense, pas de terminer sur le banc des accusés avec des histoires d'incitation à la haine et de violence aggravée en réunion. Vous n'avez aucun intérêt à vous laisser emporter par ce tourbillon, vous ne feriez que gâcher votre talent au milieu de timbrés de première catégorie, tous persuadés d'être plus intelligents que tout le monde, aimant gueuler sur qui veut bien se faire gueuler dessus, juste pour lui démontrer qu'il a tort et lui raison, et que le fait qu'il lui gueule dessus sans être en mesure d'avancer des arguments clairs et réfléchis prouve à quel point il a raison et l'autre tort.

Ça n'a pas de sens ! Vous êtes au milieu de zinzins ! Ces gens sont des cinglés ! Et, pour votre bien, ne vous faites pas berner par le nom de leurs glorieux aïeux, leurs prestigieux diplômes, leurs postes à responsabilités, leurs nombreuses publications, leurs médailles ou je ne sais pas trop quelle autre connerie. Ils pourraient être l'élite de votre nation, un tel comportement dénote de sévères troubles psychologiques.

Mon avis : Fuyez-les ou tabassez-les, au choix, mais ne cherchez ni à les raisonner ni à entrer en communication avec eux. Ce serait peine perdue. Ils ne feraient que vous aspirer dans leur spirale infernale de haine et de folie. Barrez-vous ou économisez vos forces en vue de la baston à venir.

Castagne qui n'aura pas beaucoup plus de sens que cette discussion, mais aura au moins le mérite de vous faire briller.

Les fausses bonnes idées – Conclusion

Il n'existe aucune situation où il est intéressant d'utiliser ces fausses bonnes idées dans le cadre d'esbroufes pour briller en société. Leurs coûts cachés sont trop importants, le jeu n'en vaut donc pas la chandelle. Passez humblement votre chemin.

L'ART ANCESTRAL DE L'ESBROUFE

Après avoir vu de multiples techniques afin de briller en société et d'attirer l'attention sur soi, il est temps pour moi de vous faire part d'un secret qu'aucun autre être humain n'a encore posé sur papier : l'art ancestral de l'esbroufe.

Qu'est-ce donc ? Vous n'en avez jamais entendu parler ? C'est bien normal. L'art ancestral de l'esbroufe est une discipline multimillénaire qui, jusqu'à aujourd'hui, a entièrement reposé sur une tradition de transmission orale. Chaque pratiquant en cooptait de nouveaux, en faisait ses élèves et partageait directement son savoir.

Secret, critiqué, longtemps persécuté, presque perdu, cet art particulièrement puissant a été inventé pour briller en société, permettre à n'importe qui de devenir le centre des regards en toute situation et déjouer les pièges des aigrefins prêts à tout pour ravir votre lot de compliments et d'attention.

Créé il y a plus de 2 500 ans, dans une région montagneuse de l'Asie, l'art de l'esbroufe a survécu dans le plus grand secret jusqu'à aujourd'hui. La clandestinité et la discrétion de cet art sont au moins égales à la brillance et à la célébrité de certains de ses membres. Son efficacité en fait une arme redoutable. Il ne peut donc pas être mis entre toutes les mains.

Cet art est source d'un grand pouvoir, et un grand pouvoir implique de grandes responsabilités. Ce que je vais vous conter par la suite ne doit pas être utilisé à la va-vite, sans mûre réflexion de votre part. Soyez conscient du pouvoir que je vais vous transmettre et faites-en bon usage.

L'ART ANCESTRAL DE L'ESBROUFE : LES TROIS PALIERS DE LA DISCIPLINE

L'art ancestral de l'esbroufe est composé de trois paliers.

Palier n° 1 : Les techniques simples.
Palier n° 2 : L'accélérateur.
Palier n° 3 : Les combinaisons.

Dans les précédents chapitres, nous avons abordé de façon individuelle les nombreuses techniques pour briller en société que sont la généalogie, la mode, la gastronomie, la culture, le sport, le paranormal et l'art de la conversation. Ces divers éléments constituent le palier n° 1 et les techniques simples.

Ensuite, lorsqu'un étudiant de l'art de l'esbroufe atteint une maturité suffisante et une maîtrise parfaite de ces différentes techniques simples, vient le moment pour son instructeur de l'initier au palier n° 2 : l'accélérateur. Une technique d'une puissance phénoménale capable de rendre digne d'intérêt n'importe quelle connerie, même la plus fade et insignifiante. Tellement puissante qu'il n'est pas rare que les débutants se laissent séduire et tentent de la mettre en œuvre sans maîtriser les techniques simples, ce qui conduit toujours à des drames terribles, mais nous y reviendrons plus loin.

Et enfin, pour les adeptes étant parvenus à maîtriser les deux premiers paliers de la discipline, s'ouvre alors la voie vers le troisième palier, celui des combinaisons. Celui qui vous offrira brillance et prestance permanentes.

L'ART ANCESTRAL DE L'ESBROUFE : L'ACCÉLÉRATEUR

Il est désormais temps pour moi de vous guider vers les échelons supérieurs de cette merveilleuse discipline et de vous aider à atteindre la prestance infinie et l'attention permanente.

Restez vigilant, malgré tout. Ne vous laissez pas envahir par la puissance de ce que je vais vous révéler. Nombreux sont les jeunes adeptes qui se sont brûlés les ailes en pensant pouvoir en faire usage à la va-vite, sans avoir pris soin de maîtriser parfaitement les techniques simples abordées dans les précédents chapitres. Si vous n'êtes pas sûr d'avoir atteint la parfaite maîtrise des techniques simples, n'allez pas plus loin dans la lecture de ce livre, retournez aux chapitres précédents. Remettez patiemment votre ouvrage sur le métier et reprenez votre apprentissage jusqu'à une maîtrise totale.

Quand vous y serez parvenu, et seulement à cet instant, alors le moment sera venu pour vous d'accéder à ce nouveau palier, et je serai heureux de vous accompagner dans cette révélation du second palier pour briller en société.

Le secret du second palier : L'accélérateur

Et voilà, le moment est venu pour moi de vous révéler le secret du second palier, et de vous permettre de passer au niveau supérieur en matière de brillance en société.

Quel que soit le lieu, quel que soit le sujet, quelle que soit l'occasion, quelles que soient les personnes qui vous entourent et avec qui vous discutez, ponctuez le moindre de vos propos par l'ajout d'un nom connu ! En agissant ainsi, vous verrez vos plus insipides paroles devenir de puissantes déclarations.

Exemples et cas pratiques :

Ne dites plus : J'ai mangé des pâtes.

Réaction probable de votre auditoire : Et ? On s'en bat les couilles, frère ! J'en ai bouffé hier et j'en ai pas fait un communiqué de presse ! Mort de rire ! T'es un grand malade, toi ! J'te jure, c'est un ouf lui, mon frère ! Qu'est-ce qu'on en a rien à foutre de c'que t'as mangé ! Ressaisis-toi, mon couillon !

Dites : J'ai mangé des pâtes avec George Clooney.

Réaction probable de votre auditoire : Ah mais tu le connais ? Jure sur la vie de ta mère ? Tu nous le présentes ?

Ne dites plus : Pour en avoir parlé avec mon ami Bidule…

Dites : Pour en avoir parlé avec le président Obama…

Ne dites plus : Sur les conseils de ma copine Trucmuche…

Dites : Sur les recommandations de mon amie Madonna…

Peu importe le sujet abordé, quand bien même ce serait aussi inintéressant et banal que le gobage d'un plat de pâtes ou une discussion téléphonique entre amis, si c'est fait en compagnie d'une célébrité, ça va immédiatement devenir super intéressant pour un grand nombre de personnes.

Impressionnant, n'est-ce pas ?! Je vous avais prévenu. Cette technique est phénoménale. L'ajout de blases de gens connus à la moindre de vos actions viendra insuffler un vent d'éclat et de brillance sur votre personne qui risque de vous surprendre. Vous allez avancer tellement vite que vous ne serez pas loin de voyager dans le temps. D'où mes précédents avertissements ! Mal maîtrisée, sans une connaissance approfondie du premier palier, cette technique pourrait vous détruire. Sa facilité apparente est trompeuse, ne vous laissez pas berner.

Avantage(s) : Avec un blase ajouté à vos différents propos, vous verrez un mélange d'incrédulité, d'admiration et d'envie naître dans tous les regards. Vous serez au centre de la partie. Bonnes anecdotes, citations d'auteurs connus, avis sur tous les livres, caboche plus remplie qu'un panier garni à 50 boules, amis des stars et des gens de la haute. Fini, de faire tapisserie. Votre popularité va augmenter sur des bases folles. Plus vous sortirez de noms de célébrités, plus elle va augmenter.

Inconvénient(s) : À force de répéter à tout le monde que vous passez vos dimanches à papoter cinoche avec Scorsese et DiCaprio, et de vous plaindre que Brad Pitt ou Rihanna vous harcèlent nuit et jour dans l'espoir que vous acceptiez enfin leur demande en mariage, il y a des chances pour que les gens finissent par se rendre compte que vous êtes plein de bobards.

Par pitié, faites preuve de prudence et de discernement.

Mon conseil : Accordez vos esbroufes à votre réalité.

Les exemples précédents sont là à titre indicatif, pour vous permettre de comprendre le fonctionnement de la technique, d'entrevoir sa puissance et les gains qu'elle peut vous offrir. J'ai volontairement pris des illustrations avec des noms de stars internationales, mais je vous déconseille de les utiliser en l'état ! Si vous êtes sans-le-sou, si vous n'avez jamais voyagé, si vous ne faites pas partie du gratin du show-business et des gens de hauts fessiers, évitez les esbroufes à base de noms de stars internationales. Qui va y croire ? Personne.

Dans un souci de réalisme, calez des noms plausibles, concordant avec votre quotidien, vos habitudes, vos goûts, votre lieu de résidence… C'est là que tout se joue concernant le second palier ! C'est la maîtrise parfaite de cette limite – infime, quasi insaisissable, constamment changeante, fonction de votre auditoire, de leur humeur, de votre habileté à vendre votre récit – qui fera de vous un maître de l'art de l'esbroufe ou vous exposera aux plus sévères retours de bâton.

Du bon usage du second palier :

Le bon usage du second palier de l'art de l'esbroufe consiste à utiliser le nom d'une personnalité médiatique identifiable du plus grand nombre, en mesure de vous faire briller et de donner de la densité à vos propos, sans pousser le bouchon trop loin. Pour cela, vous devez impérativement choisir une célébrité née, vivant, ayant vécu ou séjourné du côté de chez vous, à une période où il est plausible que vous l'ayez croisée… mais, de préférence, plus trop présente dans les parages afin d'éviter les éventuelles mauvaises surprises et autres embarrassantes rencontres lors d'une sortie mondaine.

Présentatrice, sportif, chanteuse, politicien, avocate célèbre, influenceur, artiste, entrepreneur à succès, chef étoilé… faites votre choix parmi les personnalités médiatiques qu'il est possible d'intégrer à votre passé ou à votre vie quotidienne.

Si je vous dis que Justin Bieber souhaite emménager avec moi, vous en pensez quoi ? On est d'accord, ça ne passera pas.

En revanche, si je vous dis que Mimie Mathy est une amie d'enfance de ma mère, que j'étais dans la classe d'Alessandra Sublet au collège, que Laurent Gerra est mon parrain, et que Florence Foresti est l'ex-petite amie de mon cousin et qu'elle l'a largué juste avant leur mariage, vous en pensez quoi ? Ouais, peut-être, pourquoi pas. Ce n'est pas impossible.

Vous saisissez les subtilités du second palier ? C'est comme ça que cette technique fonctionne. Par petites touches, tout en douceur, un délicat assaisonnement, très léger, perceptible mais discret, sans jamais forcer, sans appuyer les effets, sans insister sur le nom de la personne connue, sans en faire des tonnes. À la cool, simplement, au détour d'une phrase, de façon anodine. Pour vous, c'est normal. Rien de fou.

Par contre, si le dossier ralentit trop le rythme général de la discussion ou que vous appuyez l'effet histoire d'être bien sûr que tout le monde a entendu, ça ne fonctionnera pas.

Si je vous dis que mon arrière-grand-père, après la fin de la Seconde Guerre mondiale, a eu une période trouble avant de rencontrer mon arrière-grand-mère, et qu'au cours de cette période folle, il a eu une phase loubard maraudeur squatteur, et qu'il a inspiré Jean Gabin pour son interprétation dans le film *Archimède le clochard* de Gilles Grangier... Dur à vérifier. C'est stylé, mais pas abusé. Ça va passer sans problème.

Alors que si je vous dis que mon père est astronaute... il ne va pas vous falloir longtemps pour démasquer la supercherie.

Si je vous dis qu'un soir dans un bar, je me suis retrouvé à boire un verre et à taper la conversation avec une starlette de télé et que nous avons si bien sympathisé que nous ne nous sommes pas contentés de papoter en sirotant des cocktails, vous en dites quoi ? Mouais, pourquoi pas. Certes, le mec, ce n'est pas un premier prix de beauté, mais il n'est pas complètement vilain non plus. L'hygiène est présente, la dentition est correcte, l'expression est intelligible, un charme étrange émane du loustic, alors ouais, pourquoi pas. Un verre entraînant l'autre, la nuit avançant, le taux d'alcoolémie augmentant, les critères de sélection diminuant… pourquoi pas. Si j'enchaîne dans la foulée avec une autre histoire, mine de rien, ce sera une anecdote parmi tant d'autres, ça passera.

Mais si je vous raconte la même histoire avec une star internationale, et que je conclus en disant que l'on a fait des galipettes à même la banquette du restaurant new-yorkais où l'on discutait, on est d'accord, ça ne passera pas.

Accordez toujours vos esbroufes à votre réalité !

ATTENTION ! ATTENTION ! ATTENTION ! ATTENTIO

Vous seriez sympa d'éviter de reprendre à votre compte les bobards sur Mimie Mathy, Alessandra Sublet, Laurent Gerra ou Florence Foresti. Ça m'arrangerait ! Disons que… je dois avouer… comment dire… étant donné que ces personnalités ont toutes un lien avec Lyon… étant moi aussi originaire de cette ville… bon, ben… il n'est pas impossible que… dans l'enthousiasme d'une conversation… après quelques verres… j'aie pu balancer des conneries dans le genre.

Voilà, c'est dit ! Rien de bien grave… mais… il est probable que des personnes qui me connaissent, ou m'ont croisé, puissent sincèrement croire que Mimie Mathy est la meilleure amie de ma mère, Alessandra Sublet une ancienne camarade de classe, Laurent Gerra mon parrain et Florence Foresti l'ex de mon cousin. Ce n'est pas impossible. Sur toute la région lyonnaise, il doit bien y avoir quelques centaines – quelques milliers, grand max – de personnes qui pensent, croient ou s'imaginent quelque chose comme ça. Ce n'est pas impossible.

Pourquoi je vous raconte ça ? Parce qu'il faut être réaliste, quand bien même ils auraient de super grands cœurs, ils ne pourront pas être meilleure amie, camarade de classe, parrain ou ex-petite amie du cousin de tous les pratiquants de l'art ancestral de l'esbroufe. C'est impossible ! Si j'ai posé sur papier ces exemples, c'est pour vous dévoiler les rouages du mécanisme, pour que vous saisissiez comment mettre en place le second palier, pour que vous vous en inspiriez pour créer les vôtres. Alors soyez sympa, me niquez pas mes esbroufes !

ATTENTION ! ATTENTION ! ATTENTION ! ATTENTIO

L'ART ANCESTRAL DE L'ESBROUFE : DEVENIR GRAND MAÎTRE

Le troisième palier de l'art ancestral de l'esbroufe, dont la maîtrise fera de vous un Grand Maître de l'esbroufe, est ni plus ni moins que la capacité à combiner tout ce que comportent les deux premiers paliers.

Il consiste dans la maîtrise des combinaisons complexes et des infinies variations possibles à partir de la matière première contenue dans les deux premiers paliers, ainsi que dans la vitesse d'exécution de ces multiples combinaisons. Plus vous arriverez à les combiner de façon recherchée et rapide, plus vous deviendrez puissant, plus vous serez haut dans la hiérarchie de l'art ancestral de l'esbroufe.

À l'instar des arts martiaux qui ont des ceintures, utilisez la structure de combinaisons d'esbroufes décrites dans la suite de ce chapitre afin d'évaluer votre niveau dans la discipline. Ne sautez surtout pas les étapes, vous y laisseriez des plumes.

ESBROUFE SIMPLE – NIVEAU DÉBUTANT : COMBINAISON DE 2 ESBROUFES

Petite mise en jambe histoire de s'échauffer.

– Culture + Nom connu.

– Trilogie contemplative de Chí Tài Phan.
– Sur les conseils de mon célèbre ami réalisateur.

Exemple de mise en application :

« Ce week-end, je me suis fait la trilogie contemplative de Chí Tài Phan, absolument SU-BLI-ME ! Tu connais pas ? Putain, tu loupes ! Quelle claque ! C'est de la poésie. C'est le secret de l'existence imprimé sur pelloche. La voix de Dieu. Un message divin. Sincèrement, la trilogie fait douze heures, sans dialogue, mais on voit pas le temps passer !

« Alors ouais, c'est pointu ! Ouais, c'est pour les cinéphiles exigeants férus de septième art ! Mais lors du générique de fin du dernier opus, d'une durée de vingt-huit minutes tout de même, je n'ai pas pu m'empêcher de me dire que je n'aurais pas été contre un peu de rab. C'est cliché de dire ça, mais il y a un avant et un après cette trilogie ! Il y a ceux qui l'ont vue et ceux qui ne l'ont pas vue ! Je ne remercierai jamais assez ce cher ******* (remplacez les étoiles par le nom d'un réalisateur très connu) d'avoir autant insisté pour que je la regarde ! Sans lui, je n'aurais jamais entendu parler de cette merveille ! »

Vous saisissez ? Est-ce que vous commencez à percevoir la puissance de l'art ancestral de l'esbroufe ? Désormais, il n'y a plus de limites ! Tout n'est plus qu'une question de maîtrise, d'imagination et de vitesse d'exécution.

ESBROUFE COMPLEXE – NIVEAU INTERMÉDIAIRE : COMBINAISON DE 3 ESBROUFES

Maintenant que l'on s'est échauffés, on va accélérer un peu la cadence et complexifier d'une thématique notre esbroufe.

– Gastronomie + Culture + Nom connu.

– Discussion avec les cépages de votre vin.
– Littérature + Citation.
– Mon amie la célébrité.

Exemple de mise en application :

« Ô toi, doux breuvage à la robe pourpre, offre-moi ivresse et joie de vivre. Emplis-moi de toi. Remplis-moi de fond en comble. Ô toi, enchanteur nectar des Dieux, accepte-moi comme réceptacle. Fais de mon corps ta nouvelle demeure.

« Pardon ? Oui, j'effectue toujours ce petit rituel avant de boire la moindre goutte de vin, ça en décuple la saveur !

« Si vous voulez mon avis, beaucoup de gens font la même erreur que Bukowski, celle de croire que "S'il se passe un truc moche, on boit pour essayer d'oublier ; s'il se passe un truc chouette, on boit pour le fêter, et s'il ne se passe rien, on boit pour qu'il se passe quelque chose". Triste façon d'aborder l'alcool. Tout n'y est que réaction. Alors que l'on devrait boire indépendamment de ce qui nous arrive. Pour le simple plaisir de l'ivresse. Pour célébrer le vin et les splendeurs de la vie !

« Et vous, cher ami, que souhaitez-vous boire ? Un verre de vin ? Plutôt du champagne ? Excellent choix ! Comme ma bonne amie ******* (remplacez les étoiles par le nom d'une personnalité très connue), toujours une coupe de champagne à la main ! C'est d'une élégance ! Un raffinement exquis. »

ESBROUFE AVANCÉE – NIVEAU CONFIRMÉ : COMBINAISON DE 4 ESBROUFES

Les esbroufes sont considérées comme avancées à partir du moment où elles comptent plus de trois esbroufes à la suite.

– *Musique* + *Citation* + *Anecdote* + *Nom connu.*

– Interprétation d'un morceau connu en trois accords.

– Citation de Nietzsche : « La vie sans musique est tout simplement une erreur, une fatigue, un exil. »

– La fois où votre tante a organisé le concert d'une star.

– Le morceau que vous êtes en train d'écrire pour une star.

ESBROUFE AVANCÉE – NIVEAU EXPERT : COMBINAISON DE 5 ESBROUFES

Avec des combinaisons de cinq duperies, vous atteindrez le niveau Expert, tout proche de celui de Maître de l'esbroufe.

– *Mode* + *Culture* + *Citation* + *Anecdote* + *Nom connu.*

– Abat-jour sur la tête en guise de couvre-chef.

– Vos débuts remarqués dans le théâtre expérimental.

– Citation de Hugo : « Un acteur sur la scène, c'est une bûche dans un feu. Quand la flamme du dialogue le quitte, il doit lui rester la braise de la situation. »

– Anecdote : Saviez-vous que dans l'univers théâtral, on considère que les mots « bonne chance », « vendredi », « marteau », « corde » et « rideau » portent malheur ?

– Votre prochaine pièce, sur les conseils d'un grand acteur.

ESBROUFE AVANCÉE – NIVEAU MAÎTRE : COMBINAISON DE 6 ESBROUFES

En réalisant des combinaisons de six bluffs, vous atteindrez le niveau de Maître de l'esbroufe, qui est le statut précédant celui de Grand Maître et l'un des plus élevés de la discipline.

– Généalogie + Mot complexe + Citation + Anecdote + Paranormal + Nom connu.

– Votre arrière-grand-père éminent nécromancien.
– Mot complexe – **GIOURTASCH :** Pierre magique à laquelle les Turcs attribuent la vertu de leur procurer de la pluie.
– Citation d'un passage du *Malleus Maleficarum.*
– La fois où vous êtes sorti de votre corps.
– Petite séance de spiritisme.
– Les conseils de votre amie voyante très connue.

ESBROUFE AVANCÉE – NIVEAU GRAND MAÎTRE : COMBINAISON DE 7 ESBROUFES ET +

Lorsque vous parviendrez à caler des combinaisons d'au moins sept esbroufes successives, de façon régulière et répétée, vous pourrez considérer que vous êtes devenu Grand Maître.

– Littérature + Nom connu + Mot complexe + Citation + Critique d'un livre non lu + Snobisme + Anecdote personnelle + Généalogie + Anecdote familiale + Nom connu.

– Oui, bien entendu, j'ai lu le dernier ******** !
– Sur les conseils de votre ami écrivain célèbre.

– Mot complexe – **Incipit :** Désigne les premiers mots (ou paragraphes) d'une œuvre littéraire.

– Citation de l'incipit de ce fameux prix littéraire, suivie d'une citation de la page 124.

– Une critique acerbe et irrévérencieuse de…

– Petite pincée de snobisme : « Ça me fait doucement sourire l'engouement actuel pour cet auteur. Il y a encore peu, lorsqu'il était inconnu du grand public et des médias, nous n'étions qu'une poignée à le lire. Aujourd'hui, c'est devenu un lieu commun. Même ma bonne se targue de le lire. »

– La fois où vous avez passé la soirée en compagnie de cet auteur et écumé les bars de Paris avant de finir en garde à vue.

– La fois où votre aïeule eut une aventure extraconjugale avec Balzac, et le fait qu'il est envisageable, pour ne pas dire très probable, qu'il soit le père biologique de votre arrière-arrière-arrière-arrière-arrière-grand-père, et que vous soyez donc son arrière-arrière-arrière-arrière-arrière-petit-enfant.

L'art ancestral de l'esbroufe – Conclusion

Maintenant, il ne vous reste plus qu'à vous entraîner tout en gardant à l'esprit que l'art de l'esbroufe n'est pas seulement un ensemble de techniques de malappris pour attirer l'attention sur soi, mais une véritable philosophie de vie.

C'est la volonté d'utiliser chaque situation pour briller, chaque rencontre comme un terrain de jeu. L'esbroufe est un art. C'est l'art de divertir, de captiver un auditoire, de stimuler l'imaginaire et de faire de la vie un spectacle. À vous d'en faire bon usage, et de bien prendre garde de ne jamais vous éloigner de la mentalité filoute bon enfant qui est l'âme véritable de la discipline au risque d'avoir à en souffrir terriblement.

CONCLUSION

Briller en société n'est pas une activité sans risque. C'est un combat de chaque instant. Une lutte sans merci.

Si vous resplendissez trop, vous allez être confronté à deux types de comportements : la fuite et le défi. Non, ne croyez pas que les autres seront heureux de vous voir étinceler ou qu'ils vous laisseront vous installer tranquillement sous le feu des projecteurs sans tenter de vous chaparder un brin de votre butin. Ne soyez pas naïf. Être le centre de l'attention se fait forcément au détriment des besoins d'attention des autres.

À trop tirer la couverture vers vous, certains pourraient finir par ne plus vous supporter et chercheront à vous fuir quand d'autres rêveront de vous faire du mal. Si vous n'y prenez pas garde, jalousie et rancune tenace naîtront à votre égard. Afin de vous permettre de limiter les effets secondaires négatifs liés à votre excès de brillance, voici quelques conseils.

CONSEIL N° 1 : APPRENEZ À FAIRE FACE AUX RAGEURS

À trop vouloir briller en société, il n'est pas rare de croiser la route de rageurs ou d'experts à la mords-moi-le-nœud qui souhaiteront vous faire de l'ombre ou pointer du doigt vos incohérences et approximations, ne tombez pas dans leurs pièges. Ne cédez pas à leurs provocations mesquines ou à leurs tentatives d'intimidation. Dites-vous que ça fait partie du jeu.

Attitude à adopter : Détournez l'attention sur un autre sujet. Riez. Ignorez-les. Snobez-les. Raillez-les.

Toujours avec le sourire, sans montrer le moindre signe d'agacement, sans augmenter le volume de votre voix, sans faire les gros yeux ou toute autre connerie pouvant laisser voir que vous avez été piqué à vif. Au contraire, plus vous aurez été touché, moins vous devrez le laisser paraître. Plus vous aurez envie de gueuler et d'en découdre, plus vous devrez prendre un air jovial et détaché. Plus vous les haïrez et rêverez de passer leurs os dans un mixeur pour en faire de la poudre, plus vous devrez sourire et leur offrir des marques d'amitié.

Du moins, en public. Une fois l'événement terminé et la foule dispersée, vous pourrez réévaluer la situation et cogiter à tête reposée aux éventuelles représailles à mettre en place pour châtier ces malotrus. Pas avant.

CONSEIL N° 2 : NE FAITES PAS D'OMBRE AUX PUISSANTS

Lors de vos sorties mondaines, vous devez prendre soin de ne pas faire d'ombre à des personnages puissants. JAMAIS.

Vous devez les amuser, vous devez les divertir, vous devez les fréquenter, vous devez les utiliser pour vous permettre d'impressionner le commun des mortels et accélérer votre ascension sociale, mais vous ne devez en aucun cas les rabaisser, les diminuer, les spolier ou briller davantage qu'eux en leur présence. Certains ne vous le pardonneraient pas et n'auraient de cesse de vouloir vous le faire payer.

Mon conseil : Laissez toujours les personnalités puissantes se pavaner en votre présence. Si possible, servez-leur de faire-valoir. Assurez-vous leurs bonnes grâces en diminuant votre éclat et en louant subtilement la magnificence du leur. Flattez-les. Applaudissez-les. Félicitez-les. Écoutez-les raconter leurs exploits la bouche grande ouverte et des étoiles plein les yeux.

Vous aurez bien d'autres occasions de vous exhiber devant des auditoires moins puissants et moins risqués.

CONSEIL N° 3 : DIFFÉRENCIEZ UN BON D'UN MAUVAIS MENSONGE

La différence entre un bon et un mauvais mensonge, c'est que le bon mensonge a conscience qu'il en est un et sait parfaitement se situer par rapport à la vérité.

Si vous mentez sans avoir la moindre idée d'où vous vous situez rapport à la réalité, vous êtes juste en train d'inventer des inepties. Vous faites n'importe quoi et vous courez à la catastrophe. Mentir n'est pas une fin en soi. Il n'y a aucun intérêt à mentir pour mentir. Vous devez mentir dans un but précis. Vous devez mentir en sachant pourquoi vous mentez. Vous devez mentir en sachant de quoi vous parlez.

Mon conseil : Évitez les calamiteuses improvisations.

Préparez minutieusement vos esbroufes, prenez le temps de récolter toutes les informations nécessaires pour bétonner votre récit, et faites en sorte de dire n'importe quoi avec la plus grande des précisions. Briller en société demande un minimum d'effort. S'il est possible d'avoir la popularité d'une personnalité sportive de premier plan sans verser la moindre goutte de sueur, s'il est possible d'avoir la prestance d'un intellectuel sans ouvrir le moindre livre, s'il est possible d'avoir l'aura d'un voyant sans avoir à fricoter avec les forces occultes… si vous ne faites pas l'effort minimum nécessaire à la crédibilité de votre rôle, vous allez au-devant d'un fiasco.

CONSEIL N° 4 : ALTERNEZ BRILLANCE ET HUMILITÉ

Sachez lever le pied de temps à autre. On ne peut pas passer sa vie le pied à fond sur la pédale d'accélérateur sans finir un jour par se prendre un mur en pleine gueule.

Mon conseil : Intéressez-vous un peu à vos interlocuteurs. Au pire, si c'est vraiment trop ardu pour vous, faites semblant. Forcez-vous à la fermer et à écouter les autres. Arrangez-vous pour prévoir à vos numéros de gratteur d'attention de petites parenthèses où vous simulerez l'écoute de vos vis-à-vis.

Astuce : Pour trois phrases prononcées à votre gloire, faites au moins semblant d'en écouter une de votre vis-à-vis.

Et quand je dis faites semblant, c'est faites semblant, d'accord... mais faites semblant correctement. En entier. Du début à la fin. Sans bâiller. Sans laisser ouvertement percevoir que vous ne faites qu'attendre votre tour de parler. Sans regarder votre montre. Sans consulter votre téléphone toutes les trente secondes. Sans tenter de vulgaires interruptions pour ramener la conversation vers vous.

Faites l'effort sincère d'écouter les autres, ils ne vous écouteront que plus volontiers. Gobez au minimum trente ou quarante minutes de toutes les conneries concernant leur vie de famille, leurs gosses, leurs passions, leur boulot... toutes les deux heures, afin de vous assurer leurs bonnes grâces.

Si les discussions ne sont bien souvent que des monologues à diffusion alternée, lorsque l'un des participants accapare tout ou partie de la bande passante à son profit, ça crée un déséquilibre. Pour briller pleinement, faites semblant de vous intéresser un minimum à vos congénères. Pour être aimé, vous devez être aimable et attentionné. Les gens aiment qu'on les aime. Ne l'oubliez jamais. En feignant un brin d'amour et d'intérêt, vous n'en brillerez que davantage.

CONSEIL N° 5 :
GARDEZ UN ÉTAT D'ESPRIT BON ENFANT

Ne détournez pas l'art ancestral de l'esbroufe de son état d'esprit initial convivial et festif. Utilisez-le uniquement dans des cadres bon enfant du type soirée mondaine, dîners entre amis, apéros entre collègues... dans le but de divertir les convives présents, de vous faire mousser un peu et de devenir le centre de l'attention. Pensez amusement. Pensez brillance.

Briller en société – Conclusion

Plus personne n'accepte d'être dans l'ombre. Plus personne ne souhaite être un parmi d'autres. Plus personne ne souhaite se fondre dans la masse. Tout le monde veut briller. Tout le monde veut être le centre de l'attention. Tout le monde veut voir son individualité prendre le dessus sur celles des autres. Tout le monde veut téter goulument les appétissantes mamelles du succès et se repaître de leurs bienfaits.

Malheureusement, tant de monde voulant suçoter deux tétines nourricières à la production limitée, pour panser les plaies mal cicatrisées d'une enfance meurtrie, apaiser un égo instable, sustenter un narcissisme exacerbé lié à des carences impossibles à rassasier, remplir les injonctions à la réussite et au bonheur de notre société du plaisir immédiat et de la jouissance infinie… ne peut qu'être source de tension et de comportements délictueux.

La course à l'attention étant de plus en plus brutale, si je devais vous faire un dernier conseil avant de vous quitter, afin de vous aider à augmenter votre bien-être et de préserver votre santé mentale, ce serait : gardez toujours présent à l'esprit qu'il n'est pas nécessaire de courir derrière une attention illusoire et éphémère, de vouloir briller devant n'importe qui, d'éblouir le premier venu, lorsque l'on se voit, et que l'on se sait, aimé dans les yeux des siens.

Du même auteur
aux éditions Voraces :

Devenir célèbre rapidement, 2019

Suivez toute l'actualité des éditions Voraces sur :

www.editions-voraces.fr

Printed in Poland
by Amazon Fulfillment
Poland Sp. z o.o., Wrocław

69834080R00103